김구 따라잡기

김구 따라잡기

초판 1쇄 펴냄 2012년 8월 15일
초판 2쇄 펴냄 2018년 11월 30일

지은이 대한민국 임시정부 사적지 답사단
펴낸이 장면수

펴낸곳 도서출판 옹기장이
등록 2002년 3월 4일 (제13-753호)
주소 서울시 마포구 잔다리로 35, 서운빌딩 4층 401호
팩스 02-722-2579
e-mail msjang3998@hanmail.net
ⓒ옹기장이, 2012
이 책에 수록된 옛사진의 저작권은 (사)백범김구선생 기념사업협회에 있습니다.

ISBN 978-89-90832-32-11-5 03810

*책값은 표지 뒤쪽에 있습니다.
*파본은 본사와 구입한 서점에서 교환해 드립니다.
*이 책은 저작권법에 의하여 보호를 받는 저작물이므로 무단 전재와 복제를 금합니다.

머리말

종로 외솔회 사랑방에서 꿈꾸던 답사

거기가 보리수 다방이었을 게다. 종로2가 후미진 뒷골목 다방에서 커피가 다 식도록 입에도 대지 않고 이봉원 님이 '청태제2여사' 이야기에 열을 올렸다. 청태제2여사란 1910년에 항저우에 세워진, 당시로는 화려한 식당을 갖춘 여관이었으나, 지금은 '군영 여관'으로 바뀐 곳이다. 이곳은 1932년 대한민국 임시정부 판공처가 있던 자리로 이번 답사 때 방문하였다. 그곳에 도착하여 마치 오래전부터 알았던 곳처럼 정겨웠던 것은 이봉원 님에게 수십 번이나 들은 선행 학습 덕이다.

이봉원 님은 2000년도 민족문제연구소 운영위원으로 만나면서 인연이 닿았다. 아마도 이번 답사 일행 중에 인연으로 따진다면 단연 내가 으뜸이지 싶다. 인연도 길거니와 틈날 때마다 들어온 대한민국 임시정부 27년간 노정 이야기 때문에 일찍부터 중국에 가보아야 한다는 불씨를 안고 살았다.

이봉원 님이 혈혈단신 사진기를 둘러메고 드넓은 중국 땅을 찾아다니면서 일일이 확인한 임시정부 유적지는 우리에게도 소중하지만, 이봉원 님에게는 더 없이 소중한 평생 작업이었을 것이다. 그렇게 하나둘 임시정부 유적지에 대한 이야기를 들을수록 하루속히 떠나고 싶었다. 그러나 답사단 구성이 문제였다. 나는 일본어를 전공하는 사람으로 오래 전부터 일본 답사팀을 꾸려 일 년에도 서너 차례 교토, 오사카, 나라, 도쿄 등지를 찾아다녔다.

우리나라 사람들은 '천년 도시 교토 답사'라고 하면 크게 광고를 하지 않아도 금방 몰려오는데, 중국은 사정이 다르다. 내가 맡고 있는 한일 문화 답사팀들에게 넌지시 임시정부 유적지 답사를 가보자고 하였다. 그랬더니 베이징(북경)이나 상하이(상해), 아니면 경치 좋은 장가계나 구채구라면 모르겠지만 류저우(유주)나 구이양(귀양) 같은 곳은 별로라는 반응이었다. 2008년에 이봉원 님과 대한민국 임시정부 사적지 연구회를 꾸려 첫 번째 답사단을 모집하였을 때 단체팀 구성 요건인 10명도 채 모으지 못했다.

사람들이 말로는 독립운동을 하던 조상들의 발자취가 사라지기 전에 가보고 싶다고 하면서도 막상 답사 일정을 보여주면 이런저런 핑계로 외면하였다. 우리는 번번이 실망하였다. 그래서 정 안되면 우리끼리 가보자는 심정으로 다시 하나씩 준비하였다. 그 과정에서 그간 자료를 모아 이봉원 님이 '대한민국 임시정부 바로알기' 책을 냈다. 책과 비디오를 보며 종로2가 외솔회 사랑방에서 10여 회원들은 가보지 않은 유적지를 한 곳 한 곳 머릿속에 새겨가며 공부했다.

　그렇게 철저한 준비를 해가며 답사팀을 모아 출발하는 날 인천공항에서 비행기 표를 받아들 때 나는 감회가 남달랐다. 하나라도 더 보고 싶은 욕심에 사로 잡혀 광저우(광주), 항저우(항주), 류저우(유주) 등 숱한 도시를 거쳐 충칭(중경) 연화지 청사에 이르기까지 내 마음 속 초정밀 카메라는 한 순간도 쉬지 않고 돌았다. 가는 곳마다 볼을 스치던 바람, 풀 한 포기, 나무 한 그루, 하다못해 검령산 홍복사 뜰에 가득하던 낙엽조차 모두 가슴에 새겨 돌아왔다.

　2010년 여름방학엔 국치 100주년이자 광복 65주년을 맞이하여 '경술국치 100년 한일평화를 여는 역사 기행단' 45명과 함께 일본에 다녀왔다. 기타큐슈의 치쿠호 탄광을 시작으로 시모노세키의 동굴 동네, 단바 망간 탄광, 나가사키 원폭 가해 역사관을 거쳐 도쿄 야스쿠니 합사 반대 현장까지 1200킬로미터 대장정을 마쳤다. 그리고 이어서 이번 임시정부 유적지 답사 길을 따라나서자니 그리 녹녹하지 않았다.

　평소에는 못하더라도 방학 때만이라도 보살펴 드려야 할 팔순 노모도 계셨다. 한두 푼이 아닌 경비도 만만치 않은데다가, 주부로서 방학 때마다 집을 비워야하는 미안함도 있었다. 이번 답사는 남들보다 몇 배 마음고생이 큰 여정이었다. 거기다가 길고 긴 대륙을 횡단하는 차에서 행여 일행들이 지루해 하고 지치지나 않을까 염려되었다. 이 여행의 주최자라는 죄로 버스에서 오락부장까지 맡아야 했으니 분주한 삶은 내 인생의 업보였다.

그러나 아직 성에 차진 않는다. 내친 김에 사할린 지역과 만주 지역까지 다녀오고 싶다. 사랑하는 고국을 떠나 독립 자금을 대면서 조국 독립만을 바라다가 숨져간 동포들의 발자취를 좀 더 찾아보고 싶기 때문이다. 언젠가 답사단원들을 또 꼬드겨서 함께 떠나고 싶다.

맨 처음 우리 답사 여정을 문집으로 내자고 제안하고 꼬박 1년이 걸렸다. 낯모르는 사람들과 떠나온 여행길을 뒤돌아보고 글을 모아 책으로 묶는다는 것은 생각처럼 쉬운 일이 아니다. 더구나 역사전공자도 아닌 사람들이 대부분이다. 혹 잘못된 점이 있다면 너그러이 이해해 주셨으면 좋겠다.

답사 중간 지점인 광저우에서 합류하여 우리 답사단을 위해 임시정부와 중국의 관계 등 해박한 지식을 풀어주시고 이 책에 글까지 써주신 도진순 교수님, 길고 광활한 대륙을 횡단하며 자칫 지루할 수 있는데도 버스에서 골고루 우리 장기와 재능을 발휘하게 해주신 김순흥 교수님, 답사단의 들쭉날쭉한 글을 모으고 원고를 정리한 편집위원 박해전, 김찬수, 한선희, 송하원 님과 끝마무리를 도맡으신 한효석 님, 역사적 사실과 사진을 챙겨주신 홍소연 님 노고에 깊은 감사 말씀을 드린다. 그리고 답사단을 이끌었던 이봉원 님과, 함께 고생했던 답사단 모든 분에게 큰 손뼉을 보낸다.

책 막바지 교정 작업 중에 날아든 비보는 지금도 가슴이 진정되지 않는다. 이 책에 "사랑하는 사람은 어눌하다"라는 글을 남긴 채, 지난 설날 즈음에 전날 유명을 달리하신 박동우 선생님 영전에 이 책을 바치고 싶다. "그럼 학교 안가도 돼요?"라는 글을 쓴, 사랑하는 따님 박정민 양과 함께 떠난 임시정부 유적지 답사가 마지막 추억이 될 줄은 아무도 몰랐다. 삼가 명복을 빈다.

2012년 1월 답사단을 대표하여
이윤옥 씀

대한민국 임시정부 이동경로

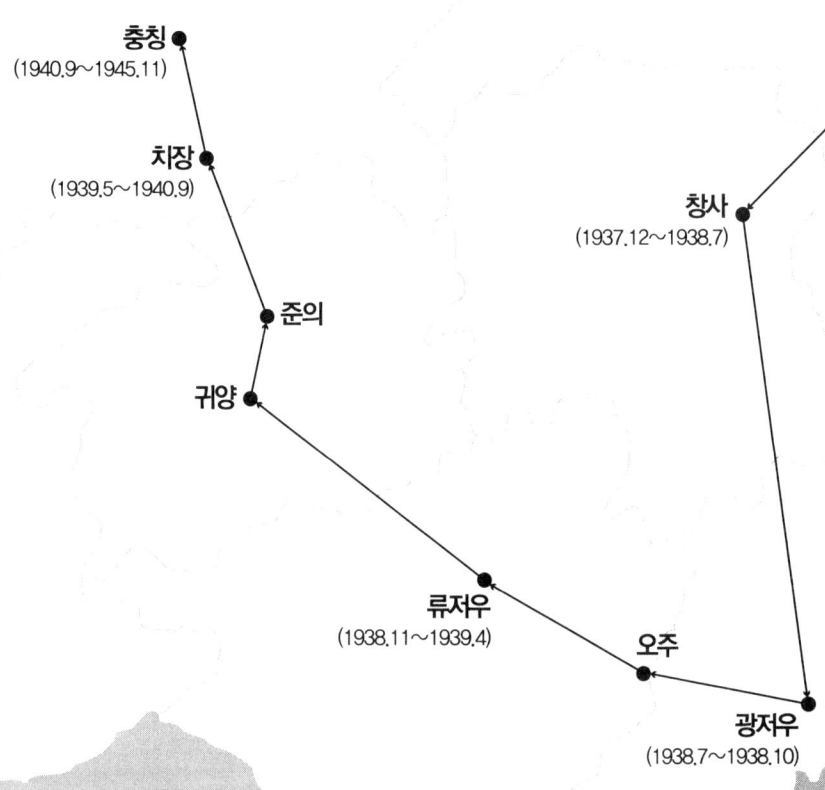

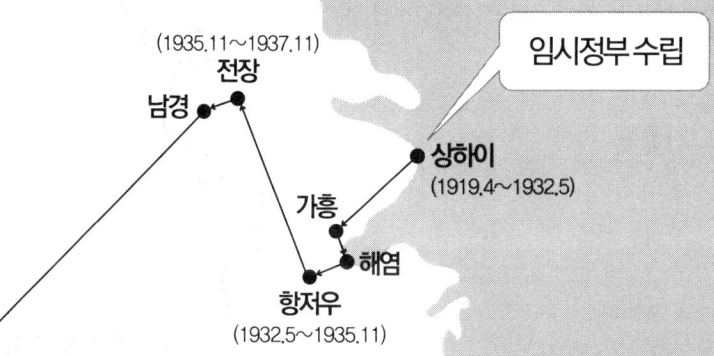

임시정부 수립

상하이
(1919.4~1932.5)

전장
(1935.11~1937.11)

남경

가흥

해염

항저우
(1932.5~1935.11)

첫날 인천에서 상하이로 비행기로 이동 ··· 상하이 답사 ··· 상하이 숙박 **둘째날** 상하이에서 버스로 출발 ··· 자싱, 하이옌 답사 ··· 항저우 숙박 **세째날** 항저우(杭州) 답사 ··· 임대 버스로 이동 ··· 전장 숙박 **네째날** 전장(鎭江) 답사 ··· 버스로 이동 ··· 난징 답사 ··· 비행기로 이동 ··· 창사 숙박 **다섯째날** 창사 답사 ··· 고속열차로 광저우로 이동 ··· 광저우에서 숙박 **여섯째날** 광저우 답사 ··· 버스로 우저우까지 이동 ··· 우저우에서 숙박 **일곱째날** 우저우(梧州)에서 버스로 이동 ··· 류저우 답사 ··· 밤 기차로 출발, 기차에서 숙박 **여덟째날** 구이양(貴陽)에 아침 도착 ··· 구이양 답사 ··· 구이양 숙박 **아홉째날** 쭌이 답사 ··· 버스로 치장 이동 ··· 치장에서 숙박 **열째날** 치장(綦江) 답사 ··· 버스로 충칭 이동 ··· 충칭 답사 ··· 충칭에서 숙박 **열하루째날** 충칭 관광 ··· 비행기로 인천 이동

차례

머리말 종로 외솔회 사랑방에서 꿈꾸던 답사 - 이윤옥 _5

여행 일정 _10

첫째날 상하이(上海)

1. 서금로 _18
2. 마당로 청사 _20
3. 중국 공산당 1대 회지 _22
4. 홍구공원 _23
5. 외탄과 포동 부두 _29
6. 임시정부 대가족의 가난한 밥상 - 이호헌 _31
7. 이번 여행은 정말 강추!!에요 - 임희진 _36
8. 어느 청년의 반성문 - 송하원 _40

둘째날 쟈싱(嘉興), 하이옌(海鹽)

1. 송경령 능원(만국공묘) _47
2. 매만가 _55
3. 남북호와 재청별서 _61
4. 매만가에서 만난 '더불어 사는 정신' – 김영조 _65
5. 피곤해도 잠을 잘 수가 없었다 - 마완근 _71

세째날 항저우(杭州)

1. 군영반점 _82
2. 호변촌 _84
3. 항저우 서호 _86
4. 진짜 독립군이 되다 - 우왕기 _89
5. 이제는 책도 많이 읽고, 내 방도 잘 치운다 - 최민지 _94
6. 내 생애 최고의 여행 - 김순홍 _99

네째날 전장(鎭江), 난징(南京)

1. 지관 유아원 _110
2. 난징 대학살기념관 _112
3. 회청교 _114
4. 마도가와 동관두 _115
5. 부자묘 _117
6. 결국 '평화'거든요 - 김찬수 _119
7. '울고불고'한 임시정부 사적지 순례 - 조영숙 _122
8. 흥겨운 독립군가가 귀에 선하다 - 한선희 _130

다섯째날 창사(長沙)

1. 악록산 _134
2. 서원북리 _136
3. 남목청 _138
4. 상아의원 _140
5. "그럼 학교 안 가도 돼요?" - 박정민 _142
6. 가슴으로 느낀 역사 여행 - 양인선 _147

여섯째날 광저우(廣州)

1. 황포 군관학교 _154
2. 동산공원 _159
3. 후기 _160
4. 중산대학 _160
5. 광주기의열사능원 _167
6. 초라한 돌담 앞에서 사진을 찍다 - 이광영 _169
7. 중원에 퍼진 향피리 소리 - 이규봉 _174

일곱째날 류저우(柳州)

1. 낙군사 _178
2. 류허우공원과 광복진선청년공작대 _180
3. 사랑하는 사람은 어눌하다 - 박동우 _186
4. 갈수록 나를 작아지게 만든 '10박 11일' - 김소현 _191

여덟째날 구이양(貴陽)

1. 검령산 홍복사 _196
2. 기린동 _200
3. 천하담 _201
4. 우리 민족의 대장정은 승리한다 - 박해전 _205
5. 아직도 드넓은 중국 땅에서 긴 그림자를 드리우고 서성이셨다
   - 홍소연 _213

아홉째날 쭌이(遵義)

   1. 쭌이 회의장 _220

   2. 72굽이 산길과 로상관 _225

   3. 내 장정이 시작되었다 - 표슬기 _229

   4. 텃새로 열심히 살기 - 한효석 _233

열째날 치장(綦江), 충칭(重慶)

   1. 상승가와 타만 강변 _240

   2. 칭화중학 _243

   3. 화평로 청사 _247

   4. 미원 식당 _249

   5. 연화지 청사 _252

   6. 국군의 날은 9월 17일로 - 안영봉 _254

   7. 나에게 주는 선물 - 임다정 _258

   8. 중국에서 희망을 보았다 - 강연분 _262

꼬리말 순례단 여러분, 따 쟈 하오? - 이봉원 _268

김구 연보 _273

우리 일행이 처음 답사를 시작한 곳이 상하이다. 임시정부가 상하이에서 출발했기 때문이다. 상하이는 중국 동부 해안 중간 부분, 양쯔강(揚子江)이 바다로 들어가는 입구에 있다. 전국시대 초(楚) 나라 춘신군(春申君)의 봉읍이었으며, 송(宋) 나라 때 진(鎭)을 설치하여 상하이라고 부르기 시작하였다. 1927년 시(市)가 설치되었고, 현재는 중국 4대 직할시 가운데 하나로 중요한 공업 기지이며, 항구와 무역, 과학 기술, 정보, 금융 중심지이다.

국제화와 현대화가 이루어진 대도시이자 중국의 대외 개방 창구이며, 주요 수출입 국경 출입구이다. 일본, 미국, 오스트리아, 프랑스, 영국, 이탈리아, 독일, 러시아 등 12개 국가 총영사관이 있다.

시내에 지하철과 고가도로를 건설하고, 외곽 지역에 새로운 주택가를 많이 조성하는 한편, 근교에 위성 도시들도 형성되었다. 푸둥 신구를 신속하게 개발하여 현대화와 국제화를 겸비한 대도시로서 완벽한 기능을 갖추었다. 양푸대교(杨浦大橋 양포대교)와 둥팡밍주타(东方明珠塔 동방명주탑), 상하이 박물관과 도서관, 대극장 등 대형 현대화 건축물이 도시 멋을 더한다. 상하이 야경 또한 볼만하다.

서금로

상하이는 도로가 많고 이름도 복잡하다. 그래서 상하이 시정부는 복잡하고 많은 도로명을 통일적으로 지정하기 위해 도로 명명법을 정했다. 임시정부가 탄생한 서금로는 도로 명명법 중 '기념할 만한 가치가 있는 지명 및 역사적 사실'에서 따온 이름이다.

서금은 중국 제2차 국내 전쟁 시기인 1931~1934년에 대서천(大西遷)이 시작되기까지 중국공산당의 중화소비에트공화국 임시중앙정부의 직할시였으며, 마오쩌둥(毛澤東 모택동)이 당주석(黨主席)으로 취임한 곳이다.

1919년 3·1운동 후 중국 상하이에서 이동녕, 신규식, 조소앙, 여운형 등이 중심이 되어 애국 활동을 하였다. 상하이에서 4월 11일에 대한민국 임시정부가 수립되고 4월 13일 선포하였다. 임시정부가 출범한 서금로는 프랑스 조계 지역으로 일본 감시에서 비교적 안전한 곳이었다. 상하이 이외에도 연해주, 국내, 등지에서 임시정부 수립 움직임이 일어났다. 여러 지역에서 출범한 임시정부의 통합을 모색하여 상하

서금로는 개발을 제한하여 옛 건물을 고쳐 쓰고 있다.

이 임시정부가 중심이 되어 1919년 9월에 드디어 통합정부가 출범하였다.

　임시정부는 '교통국'을 두고, '연통제'를 통해 국내와의 긴밀한 연락을 꾀하였다. 또한 독립 공채를 발행하여 독립운동 자금을 확보하려 했다. 그리고 《독립신문》을 발행하여 국내외에 독립운동 소식을 전하고 민족정신을 고취시켜 나갔다. 임시정부는 초기에 서구 열강을 상대로 한 외교 활동에 주력했다. 1919년 4월에 김규식을 대표로 하는 파리주재 위원부를 설치하고 파일 강화회의에 우리나라의 독립 문제를 상정하고자 외교 활동을 벌였으나 성사시키지는 못했다.

　그러나 임시정부가 초기에 내걸었던 이승만 중심의 독립 청원을 통한 외교독립 노선은 제국주의 질서 속에서 현실성이 떨어지는 방안이었다. 이 때문에 만주 지역에서 활동하던 민족운동 단체들은 대한민국 임시정부를 일찍부터 배격하였다. 또 대한민국 임시정부 자체 내에서도 1921년에 이승만의 위임통치 발언 등에 따른 파문으로 내분 상태가 발생하였다. 1923년 임시의정원은 이승만 임시 대통령 탄핵안을 제출하여 1925년 통과시켰다. 1925년 국무령제를 채택했으며, 이후 김구 등이 국무령이 되어 독립 운동을 계속하였다. 1927년 국무위원제로 개헌했으며 1932년 항저우(杭州)로 옮겼다. (박동우 정리)

마당로 청사

　임시정부가 상하이에서 마지막으로 썼던 청사가 마당로(옛 이름은 普

慶里 보경리) 청사이다. 맨처음 서금로에 임시정부를 세웠는데, 상하이 여러 곳을 전전하다가 이곳에서 항저우로 옮겼다. 마당로 임시정부 청사는 1989년 중국이 도시 개발을 계획하면서 사라질 위기에 처했는데 이 소식이 국내에 알려지고, 한국인의 보존 열망에 힘입어 1993년 복원되었다.

그때 복원한 청사는 임시정부 요인들이 실제 사용하던 4호 청사(연면적 173.89㎡)였으며, 나중에 우리나라 정부가 상하이 시와 협의하여, 2001년 12월에 임시정부가 사용했던 4호 이외에도 이웃한 3호, 5호까지 확장해 재복원했다.

이 청사에서 김구가 《백범일지》를 쓰기 시작했다. 어린 두 아들에게 남기는 유서였다. 복원된 청사 기념관에는 전시된 자료가 많지 않았다.

마당로 임시정부 청사 입구

중국 대륙 크기와 건축물과 유적지 규모를 떠올리면 상대적으로 너무 초라하고 비좁았다. 이런 건물 분위기에서 나라를 빼앗긴 타국에서 망명 생활이 얼마나 어려운지를 엿볼 수 있었다. 계속 유지하면서 보완해 나갈 방법을 찾아야겠다. (박동우 정리)

중국 공산당 1대 회지

마당로 임시정부 청사를 나와 그리 멀지 않은 중국 공산당 제1차 전국대표대회 회지를 들렀다. 줄여서 중공일대회지(中共一大會址)라고 한다. 상하이 신티엔디(新天地) 근처에 루완구(卢湾区) 씽예루(兴业路) 78번지에 있다. 이곳은 원래 과거 조계시대 프랑스 조계지로 중공 1대 대

1921년 중국 공산당 대표자들이 처음 모여 회의한 곳.

표였던 리한준 처소였다. 중국공산당 제1차 전국대표 대회가 1921년 7월 23일~30일까지 프랑스의 눈을 피해 몰래 열렸던 곳이다.

　마지막 하루를 남겨두고 조계지를 관할하는 프랑스군이 들이닥쳐서 모임을 저장성 자싱(嘉興) 남호의 놀잇배 위에서 거행해야 했다. 결국 마오쩌둥을 비롯한 전국 각지 공산당을 대표하는 13인이 많은 토론을 거쳐 마침내 중국 공산당 성립을 선포했다. 당시 참석한 대표자들은 베이징 대표로는 류인정(劉仁靜)과 장국도(張國燾)가, 상하이 대표로는 리한준(李漢俊)과 리달(李達)이 참석했다. 산둥의 대표로는 왕신미(王燼美)와 등은명(鄧恩銘)이 참석했으며, 후베이는 동필무(董必武)와 진담추(陳潭秋), 후난은 모택동(毛澤東)과 리숙형(李淑衡), 광둥은 진공박(陳公博)과 포혜승(包惠僧)이 참석했다. 이외에 재일대표 주불해(周佛海)가 있었다.

　건물이 화려하지는 않아도 중국 공산당 탄생지로서 중국에서는 매우 의미 있는 건축물이다. 그래서 1961년 중공일대회지는 첫 번째 전국 중점문물 보호단위로 지정되었다. 오늘날 중국 뿌리이며 오늘날 중국 출발점이 된 곳이라 충분한 역사적 가치가 있는 곳이다. (박동우 정리)

홍구 공원

　한국인에게 익숙한 홍커우(虹口) 공원이 노신 공원으로 이름이 바뀌었다. '아Q정전'으로 잘 알려진 노신 묘와 기념관이 있다. 노신 작품은 중국 개화기에 중국인들에게 지대한 영향을 미쳤다. 그래도 노신 공원

노신 공원 정문 모습

은 한국인에게는 윤봉길 의거가 일어난 홍커우 공원으로 더 익숙하다. 일제가 상하이를 점령하고 홍커우 공원에서 기념식을 열 때, 식장 연단에 윤봉길이 폭탄을 던져 일본 거물들을 죽거나 다치게 하였다. 이 의거로 임시정부 위상이 높아지고 우리 민족의 독립 의지를 세계에 각인시킬 수 있었다.

이 의거는 중국인들, 특히 장제스에게 큰 감명을 주었다. 이 의거가 있기 전까지 국민당 정부는 임시정부에 미온적인 태도를 보였으나, 이 의거 후 임시정부를 적극적으로 후원하기 시작했다.

그런데 역사적인 그 의거의 구체적 장소가 홍커우 공원의 모습이 정비되면서 주변 경관과 함께 많이 변하여 위치 고증이 어려웠다. 우리 일행이 도착했을 때 노신 공원에는 중국인들이 띄엄띄엄 중국 특유의 체조를 하고 있었다. 사진으로만 보던 그 모습을 신기해하며 사진기에 담으면서, 우리는 진춘호 선생의 증언대로 윤봉길이 의거한 곳으로 추정되는 장소를 찾았다.

진춘호 선생은 그 당시 광복진선 청년공작대 대원이었고, 애국지사 안춘생 등과 함께 난징에서도 활약했으며, 김구 아드님 김인과도 친했는데, 1945년 광복 뒤에도 상하이에서 한국인 자녀 교육기관인 인성학교 교장을 하였다.

그때 윤봉길이 의거한 공원 연단을 찾아보았다는데, 그분 증언(1991. 11.)에 따르면, 그 연단은 호숫가 너른 잔디밭 쪽에 있는 네 번째 가로수쯤에 있었다고 한다. 그래서 우리 일행은 그 장소를 둘러보면서 여기쯤이 연단이고, 여기쯤이 윤의사가 투척한 장소일 것이라며 1932년 4월 29일 의거를 재현했다. 일행 중 청년이 윤봉길 역을 맡아 물통 폭탄을 던지고, 나머지 사람들은 일제 수뇌부가 되어 쓰러지고 넘어지면서 다시 한 번 그때의 독립 의지를 느껴보았다. (조영숙 정리)

자료 윤봉길, 조선 매화향이 중국 땅에 가득하다

윤봉길은 일본이 금수강산을 거의 다 손아귀에 넣었던 1908년 6월 21일 충남 예산에서 태어났다. 사람들은 대부분 윤봉길을 상하이 홍구 공원 의거로만 기억한다. 그러나 윤봉길은 자신이 태어나고 자란 농촌을 계몽시켜 조선의 독립과 연결시키려는 땅에 밀착한 사람이었다.

윤봉길은 농민을 위하여 《농민독본》이라는 책을 저술하였다. 그 안에 새해, 회갑, 초상 때에는 인사를 어떻게 한다는 것에서, 농민과 노동자, 양반과 농민, 자유 등을 주제로 아주 쉬운 어투로 '인권'을 설명하였다. 야학과 독서회를 꾸려 한글 해독에서 한자 이해, 아라비아 숫자 쓰기, 산수 공부, 과학 공부를 하자고 했다. 독서한 후엔 서로 발표하였고, 다른 지방에 있는 책도 구입하였다. 그 시대 무지했던 농민들에게 좋은 선생님 노릇을 하였다.

그리고 농촌을 부흥시키자는 결의와 함께 농촌 운동의 거점지인 '부흥원(농민회관)'을 만들어 '뭉쳐야한다. 그리고 혁신해야한다. 살길은 단결과 혁신뿐이다.'라고 강조하였다. '부흥원' 낙성을 기념하여 이솝 우화 '토끼와 여우'를 공연하여 일본이 조선을 침략하는 걸 우회적으로 비판하였다. 농민협동조합을 만들고, 농촌 청년체육회를 만들었다. 자활적인 농촌 진흥을 목표로 '날로 앞으로 나아가고 달마다 전진하자'는 취지에서 월진회(月進會)를 만들었다. 회원들이 달마다 10전씩 납부하고 그대신 돼지새끼를 한 마리씩 가져다 기르게 하였다. 양계에도 힘썼으며, 산림 녹화와 장래 소득을 위한 유실수 재배를 권했다고 한다. 말하자면 시대를 앞서가는 농촌운동가였다.

한인애국단 단장 김구와 단원 윤봉길

그러다 23세인 1930년 3월 조국 독립 운동에 헌신하려, '장부가 뜻을 품고 집을 나갔으면 살아서 돌아오지 않는다.'라는 '장부출가생불환(丈夫出家生不還)'이라는 글귀를 남기고 망명길에 오른다. 1931년 5월 상하이에 도착, 대한민국 임시정부를 이끌던 김구를 찾아 큰 뜻을 밝혔고, 김구도 민족 제단에 목숨을 바칠 피끓는 청년을 찾던 중에 윤봉길을 만난다.

그때 일본은 1931년 9월에 만주사변을 일으키고 1932년 1월 28일 상하이(上海)사변을 일으켜 중국 본토를 침략하였다. 일제는 상하이 점령 전승 기념축전과 일본왕 생일인 천장절(天長節)에 맞추어 공원에서 기념식을 열었다.

이에 윤봉길은 아침 일찍 김구와 아침식사를 마치고 물통과 도시락

노신 공원에 있는 매원(梅园). 윤봉길 의사 전시관으로, 매원은 '매화 동산'이라는 뜻이다.

으로 위장된 폭탄을 지니고 홍구공원에 입장하였다. 경축식전 중앙 단상에는 일본 총사령관 육군대장 시라카와 요시노리(白川義則), 주중국공사(駐中國公使) 시게미쓰 마모루(重光葵) 등 상하이 사변 전범(戰犯)들이 의기양양 늘어서 있었다. 경축전 행사가 관병식을 끝내고 축하 식순에서 일본국가가 끝날 무렵 도시락 폭탄은 땅에 내려놓고 어깨에 메고 있던 물통 폭탄 안전핀을 뽑고 앞으로 전진하면서 단상 위로 힘껏 던졌다.

윤봉길 의거를 알리는
《동경일일신문》 1932년 5월 1일자 호외

이 의거가 성공하여 시라카와 대장은 전신에 파편을 맞아 신음하다 한 달 뒤에 사망하였다. 해군 함대사령관 노무라(野村) 해군중장은 실명하였다. 제9사단장 우에다(植田) 육군중장은 다리가 절단되었다. 시게미쓰 마모루(重光葵)는 다리가 부러져 불구자가 되었다. 가와바다 사다쓰구(河端貞次) 거류민단장은 창자가 터져 다음날 죽었고, 총영사 무라이(村井倉松)와 민단간부 토모노(友野盛)도 중상을 입었다.

이 의거를 온 겨레는 물론, 일제 침략에 큰 고통을 받던 중국 사람들까지 기뻐하였고, 한중 공동 항전하는 계기가 되었다. 특히 중국국민당 주석 장제스는 '중국 100만 군대가 못한 일을 조선 한 청년이 해냈다.'

고 칭찬하며, 그때부터 임시정부를 실질적으로 돕기 시작했다. 그리고 일본 제국주의에 대항하여 목숨을 내놓고 싸우는 뜨거움은 세계 사람들에게 '조선'을 다시 생각하게 만들었다. (조영숙 정리)

외탄과 포동 부두

우리는 그 암울한 시절 독립운동가들이 조국 광복의 뜨거운 뜻을 품고 상하이로 첫발을 내디뎠다는 부두를 보러갔다. 상하이는 그때도 국제 도시였으나 지금은 더 뜨거운 세계적 도시가 되었다. 하늘 높은 줄 모르고 올라가는 다양한 빌딩 숲에서, 특히 상하이 야경은 보는 이들의 혼을 빼놓았다.

외탄 야경

우리가 도착하던 날 상하이 밤은 매우 바람이 차고 추웠다. 포동(浦東) 지구 찬 바다 바람을 맞았다. 상하이 신도시 쪽은 화려한 모습에 이곳이 과연 중국인가 싶을 정도로 웅장하였다. 그리고 우리가 서있는 구도시쪽도 지금 어디에 내놓아도 손색이 없을, 웅장한 석조 건물이 그 당시 상하이 위상을 증명하였다.

말도 제대로 통하지 않는 낯설고 물선 땅에 독립 운동가들은 나라 잃은 설움을 밥으로 삼아서 운동했을 것이고, 고생을 힘으로 삼아서 운동했을 것이다. 화려한 야경을 구경하고 돌아오는 골목길에서 우리는 춥다고 목을 움츠리고 종종 걸음을 쳤다.

'예전에 우리 독립운동가들도 이 길을 지났겠지요. 우리가 두둑한 코트를 입고 추워하는데 그분들은 나라 잃은 추위로 더 힘들었겠지요.' 누군가 나직하게 말했다. 찬 날씨에 몸을 움츠리며 추워하는 것도 어쩐지 이 거리에서는 미안한 마음으로 쌓였다. (조영숙 정리)

임시정부 대가족의 가난한 밥상

이호헌

경기도 숙지고 역사 교사. 민족문제연구소 회원. 양인선 남편, '소박한 생활(Simple Life) 속에 행복이 깃들고 세상을 구원할 수 있다' 생각하고 있다.

예전에는 도시를 떠나 자연을 벗하며 종주 산행을 하거나 낯선 곳을 여행하는 즐거움이 그 어떤 것보다도 좋았다. 그런데 언젠가부터 여행을 주저하게 되었고, 사람들이 해외여행을 갔다왔다고 자랑삼아 얘기하는 것도 부럽지 않았다. 최근 우리나라 내수 경제가 심각하여 실직이나 사업 실패로 생계가 어려운 사람들이 많이 늘어났다. 이런 때 해외에 나가 소비한다면 국민으로서 도리가 아니라는 심정이 있었다.

그런데 이번 임시정부 사적지 답사는 어떤 의무감과 여행 본능이 작용하여 처음으로 부부가 함께 가기로 결정하였다. 아내는 20여 년 동안 남매를 양육하느라 애를 많이 썼고, 자식들도 자기 길을 찾아 둥지를 떠나려고 하니, 이참에 부부가 함께 항일 투쟁의 역사 속으로 들어가는 여행도 뜻 있는 일이라 생각하였다.

5년 전 중국 화북 지역 항일투쟁 사적지를 답사한 적이 있었다. 그곳은 1930년대 후반 일부 조선 의용대가 북상하여 중국 공산군(홍군)과 합류하여 함께 대일 항전을 하였던 황하 유역 중상류 지역이었다. 일본군의 막강한 군사력과 맞서 싸웠던 유명한 태항산 전투가 있었던 곳이다. 그 때 중국 팔로군(홍군) 선두에서 일본군을 격퇴한 것은 조선 의용군이었다. 그 전투에서 전사한 중국 항일 투쟁의 영웅 좌권 장군과 조선의용군의 윤세주, 진광화 묘가 태항산을 배경으로 한중 우호를 상징하듯 묘역과 기념관이 잘 조성되어 있었다.

그러나 우리 조선 의용군이 독자적으로 활동한 사적지는 거의 남아 있지 않았다. 중국의 급속한 경제 발전으로 도시에 있던 사적지는 개발로 사라졌다. 다행히 태항산 깊은 오지에는 개발의 파도가 밀려오기 전이라 옛 마을과 함께 조선 의용군 항일 투쟁 흔적들이 남아 있었지만, 지금은 그나마도 사라졌을 것이다. 그런 경험 때문에 사적지 답사는 사전 준비가 없으면 허망한 여행이 될 뿐이었다.

그래서 이번 임시정부 사적지 답사를 위해서 별도로 준비가 필요하였으니, 그것은 임시정부의 시작이며 끝이었던 김구의 《백범일지》를 완독하는 것이었다. 전에 이 책을 읽은 적이 있었는데, 이번에 읽으며 새로운 감동을 받았다.

보물 1245호로 지정된 《백범일지》

특히 김구가 상하이로 망명하기 전까지 삶을 기록한 상권을 읽을 때는 긴장감으로 책을 놓을 수가 없었다. 양반 중심 신분 사회에서 하층 신분이 품게 되는 조선 사회와 불화, 외세 침략 폐해를 고스라니 감당해야 하는 민중들. 김구는 배움 없는 평민이었지만 현실과 맞서가며 스스로 시대적 과제를 깨우쳐가는, 위험하지만 당당한 모습이 생생하게 그려졌다. 특히 일제 권력이 자행했던 악랄한 고문과 감옥 생활을 극복하는 모습에서 인간의 가능성을 발견하였다.

우리 답사단에는 1980년 광주 민주화 운동 관련으로 혹독한 고초와 옥고를 치른 분도 동행하였다. 그분의 삶이 100여 년 전 김구의 삶과 겹쳐졌다. 그래서 이번 답사는 1세기 전 과거로 가는 여행이 아니라, 임시정부가 헤쳐가야 했던 난관을 생각하며 우리가 나가야할 방향과 실천적 삶을 다짐하는 역사 여행이어야 한다고 생각하였다.

5년 전 중국 화북 지역 항일 사적지 답사에서 본 것처럼, 임시정부 27년 고난의 흔적들도 같은 운명일 것이라고 생각했다. 그런데 임시정부 사적지는 일부나마 도시 근대식 건물 틈새에 외롭게 있었다. 대일 항전이라는 공동 목표로 우리 임시정부와 중국 정부가 우호 관계였기 때문에 그나마 보존될 수 있었을 것이다.

그러나 실제적인 이유는 상업적인 것으로 보인다. 한중 수교 이후 중국으로 밀려오는 한국 관광객들에게 제공되는 관광 코스에 몇몇 항일 사적지를 가미하는 것이 여러모로 이익이 되리라 판단하였던 것 같다. 그간 중국내 우리 항일 사적지가 무관심 속에서 사라질 위기에 처했다는 소식에 가슴 졸였는데, 이렇게 사적지 일부가 복원되었으니 얼마나 다행인지 모른다.

　일제 침략이 중국 대륙으로 확장되면서 임시정부는 10번이나 여러 도시들을 전전하였다. 곳곳에 남아있는 임시정부 사적지와 한 몸이 되어 따라갔던 임시정부 대가족들 삶터를 보았다. 위태롭고, 빈곤했던 삶이 눈에 선하다. 매번 끼니를 걱정해야 하는 임시정부 가족들이 참으로 가난한 밥상 앞에 옹기종기 둘러앉은 궁핍한 장면이 그려진다.
　김구는 임시정부 시절 대부분 가족과 떨어져 살았다. 잠은 정청 사무실에서 자고 밥은 직업 있는 동포들 집에서 얻어먹으며 지냈다고 한다. 김구는 한때는 한 번에 여섯 밥상을 해치운 적이 있는 대식가였다는데, 대개 임시정부 요인 가정에 들러 아이를 돌봐 주며 한 끼 식사를 해결하였다고 한다.
　김구와 일심동체인 임시정부 27년 역사는 2000년대 우리가 처한 현실과 크게 다르지 않다. 강대국 힘에 좌우되는 국제 질서 속에서 우리 민족은 서로 대립하고, 지역 간에 불화하고, 계층 분화가 심화되어 공동체 가치와 안정이 무너지고 있다. 개인과 집단들이 비좁은 울안에서 무차별 경쟁하고 갈등이 끊임없다.

　오히려 임시정부 대가족이 마주했던 가난한 밥상이 정겹고 행복하게 느껴진다. 물질적 욕망에 몰두하는 '물신(物神)의 노예'가 되는 삶에서 벗어나 소박한 생활이어야 한다. 그래야 비로소 이웃을 돌아보는 마음이 생기고, 또한 '더불어 사는 사회'를 위해 각 분야에서 분투하는 사회 운동에 군자금을 보낼 수 있을 것이다.

'소박하고 가난한 밥상'에서 혁명은 시작되고 '대동 사회'로 가는 길은 열릴 것이다. 김구가 꿈꾸고 앞서 걸어간 길은 오늘 우리 삶의 이정표가 된다. 소탈하지만 당당하게 세파에 맞섰던 김구의 모습을 그리며 우리 각자가 또 하나의 '평범한 상민' 백범(白凡)이 되어야 할 것이다.

임시정부 27년 발자취를 마음으로 이해하려면 정정화의 《장강일기(長江日記)》를 필독하였으면 좋겠다. 김가진은 대한제국 대신이었는데, 상하이로 망명하여 3대가 임시정부와 생사고락을 함께하였다. 김가진의 며느리인 정정화 여사는 100여 명 임시정부 대가족 안살림을 보살피면서 그 삶을 생생하게 기록하였다. 만약 답사가 임박하여 시간이 없을 때는 임시정부 사적지 연구 권위자인 이봉원의 《대한민국 임시정부 바로 알기》를 손에 들고 떠나도 좋다.

《장강일기》

《대한민국 임시정부 바로 알기》

이번 여행은 정말 강추!에요

임희진

중학생. 먹을 때가 가장 행복하고 먹기 위해 산다. 에이트 완전 좋아한다. 친해지면 조금 수다스럽다. 웃음 포인트가 조금 남다르다.

안녕하세요. 전 임희진이에요. 저는 이번처럼 뜻이 있고 의미가 뚜렷한 여행은 난생 처음이었어요. 처음에 엄마가 "너 중국 갈래?"라고 말할 때 관광 여행인 줄 알았어요. 그래서 좋다고 했지요. 나중에 알고 보니 임시정부 사적지를 답사하는 것이었어요. 저는 임시정부에 관심도 별로 없고, 국사 과목을 안 좋아하거든요.

더구나 혼자라니! 이전에 외국에 나갈 때는 언니나 엄마와 같이 갔죠. 제가 붙임성도 많이 없고, 단기간에 사람들과 많이 못 친해지기 때문에 중국에 가는 것을 많이 망설였어요. 하지만 가지 않으면 후회할 것 같은 생각도 들었어요. 그래서 '에라 모르겠다, 거기 가면 어떻게 해결되겠지.'하고 따라온 거예요.

중국에는 처음 가보기 때문에 걱정이 많았어요. 중국에 도둑들이 많고 진짜 더럽고, 길가에는 이상한 사람들이 다니는 생각이 들었지요. 실제로 가보니까 그렇지 않았어요. 그리고 외국에 나가면 애국자가 된다는 말은 사실이었어요. 길거리에서 우리나라 글씨, 우리나라 브랜드를 보면 "오~ 한글이다!"하고 감탄했어요.

이번 임시정부 사적지를 답사할 때 제가 초등학교 다닐 때 백범 김구 백일장을 나갔던 생각이 났어요. 상은 받지 못했지만 저와 김구 선생님 인연은 거기부터였을 거예요. 믿거나 말거나~

그 시절에 우리나라 임시정부가 상하이부터 여러 곳으로 옮겨졌잖아요. 그래서 그런지 일정에 따라 가야하는 장소가 마을 곳곳에 숨어 있는 곳이 많았어요. 이리저리 찾으며 걸어 다니는 것도 힘들었지만, 그렇게 갔는데 사라진 곳이 있을 때는 속상했어요.

'임시정부 사적지 답사'에 참가한 이유는 가지각색일거에요. 하지만 이번 여행 목적은 정해져 있잖아요. 그래서 저도 나름 열심히 한다고 했는데, 잘했나요? 물론 버스에서 많이 잤지만요.

그리고 항상 반복 학습이 중요하단 걸 이제 알았어요. 김구 선생님 피난처 같은 데를 둘러 볼 때 여러 이야기도 해주시고, 버스에서 또다시 보충을 해주시니까 공부가 많이 되더라구요. 그래서 알지 못했던 것도 조금 알게 되었습니다. 버스에서 깨알 같이 문제를 많이 냈지만 모두 다 기억하지는 못 해요.

전 정말 이해가 안 되었던 게 있어요. 어른들이 김구 선생님 이야기를 하시다가 우시는 거였어요. 어떤 분들은 저를 이상한 아이 취급할 수도 있어요. 슬픈 과거이지만 그래도 어떻게 울 수 있나? 너무 몰입이 되고 그 당시 상황을 생각하면 안쓰럽고 감정이 복받쳐서 우실 수 있기는 한데……. 그때에는 '좀, 오버다.'라는 생각도 실제로 들었어요.

하지만 지금 생각해보면 그럴 수 있다는 생각이 들곤 해요. 우리나

윤봉길 의사 기념관 정문쪽 모습

라를 너무 사랑하시는 것 같아요. 저도 본받아야 하는데……. 어른들은 역사에 관심 많으시고요. 저도 역사를 차츰차츰 알아가고 싶어요.

　임시정부에 대해 관심이 많은 분은 정말 강추!!에요. 저는 전부는 아니지만 이제 조금씩 알아 보려구요... 항상 저는 말만... 잘해요!! 그래서 행동이 잘 안 따라주기도 해요. 근데 이제는 학교에서 조금더 귀를 귀울여 보려구요. 학교 시험에서 임시정부에 대해 나오면 정말 백점 맞고 싶네요.

　관광하는 것이 아니라서 이번에 답사 대원들이 고생을 많이 했어요. 버스도 몇 시간씩 오래 타고 힘들지만 그 누구도 투덜대지 않는 것을 보고 저도 본받아야겠다는 생각이 들었어요. 내가 대한민국 사람이 맞을까 하며 부끄럽기도 했구요. 처음에 우리나라 역사에 대해서 알고 싶지도, 관심을 갖지도 않은 제가 한심한 것 같은 생각이 자꾸자꾸 들었어요. 이분들이야말로 진정한 대한민국 국민이 아닐까 하는 생각이 들어요.

　혼자는 힘들겠지만 함께라서 덜 힘들었던 이번 여행, 매서운 추위가 몰아쳤지만 함께라서 덜 추웠던 이번 여행, 생김새와 외모는 다르지만 열심히 하려고 온 이번 여행. 정말 뜻 깊고 머릿속을 지식으로 꽉 채운 여행이었어요. 정말 잊을 수가 없을 거예요. 아니 잊지 않을 거예요. 또 한 번 기회가 된다면 다시 참여하고 싶어요.
　사실은, 처음에 이런 글쓰는 거 너무 부담 됐어요. 이런 적은 처음이니까요. '임시정부 사적지 답사단'이 제게는 최초라서 기분은 좋았지만요. 제가 글을 잘 쓰는 것도 아닌데 잘 쓰려고 하다보니까 힘드네요.

　"그냥 자기 느낌을 쓰면 되는 거지" 말은 쉽죠~~~~~~ 저도 처음에 그런 말도하고, 그런 생각을 했거든요. 실제로 자기 생각과 느낌을 잘 쓰신 분들도 있겠지만 저는 아직 노련하지 않아서.... 어찌 보면 초짜이기도 해요. 그래도 짧지만 못난 제 글 봐주셔서 감사해요. 그리고 대원님들!!! 비록 제가 여행 후 모임에는 가지 못했지만 마음만은 그곳에 있었다는 거 아시죠? 못난 막내 챙겨주셔서 감사하고요 그 당시에는 제가 못난 짓을 했더라도 이해해주시구, 귀엽지는 않지만 귀엽게 봐주세요 ^＿＿＿＿＿^
　항상 노력하는 희진이가 될 꺼구요!!! 여러분 사랑해요!!

어느 청년의 반성문

송하원

성공회대학교 신문방송학과 5학년, 사람과 술을 좋아하고 함께 노는 세상을 꿈꾼다. 지역 문제에 관심이 많다. 민족문제연구소 청년회원.

가지 않으려 했다. 졸업할 때를 넘긴 대학교 4학년 겨울방학, 쫓기는 마음을 쫓다보니 여유가 없었다. 함께 갈 것을 권하는 외숙 전화에 적당한 핑계를 둘러대고 가지 않으려 했다. 기껏해야 열하루 일정이었지만 그만한 여유도 갖기 힘들었다.

쓰지 못하지 싶었다. 다시 개강을 앞둔 대학교 5학년, 비록 답사 길에서 선열의 얼을 대하여 대오각성하였어도 모두가 뛰는 판에서 혼자 답사 후기나 끼적이고 있을 여유가 없었다. 기껏해야 종이 한바닥 남짓한 글이지만 그만한 여유도 갖기 힘들었다.

늘 '여유'가 문제였다. 여유라는 것이 언제는 있었나 싶을 정도로 늘 여유가 없었다. 스펙(Specification) 열풍, 청년 실업, 기타 등등. 사회적 환경들이 나와 내 친구들에게서 여유라는 것을 빼앗아 갔다. 열하루 여유도, 종이 한 바닥 여유도 남아있지 않았다. 더군다나 그 여유가 '민족 운운'하는 무엇을 위한 것이라면 그것은 있다가도 없는 것이었다.

민족은 'Be the Reds!' 티셔츠처럼 철 지나면 촌스러워지는 '이미지'가 아닌가. 그것을 위한 여유가 남아있을 까닭이 없었다. 시간이 지날수록 더욱 각박해지는 작금의 사회적 환경에서는 더욱이나 말이다.

하지만 돌이켜 생각해보면 여유 없음 문제는 곧 마음 없음의 문제였다. 김구를 비롯한 여러 선열들이 그 시절 한가해서 독립 운동을 한 것이 아님을 알면서도, 나는 여유를 핑계 삼고 있었다. 늘 여유, 여력, 여지없음 문제였다. 대학 진학이라는 옹졸한 목적을 위해 역사를 배우고, 저 잘 나자고, 제 앞가림이나 잘 하자고 공부한 세대의 필연적인 모습 그대로였던 것이다.

그렇게 추세에 쫓겨 오늘을 살아내던 세대의 하나가 그 흐름에서 비껴서 이 글을 쓰고 있다. 선열 자취를 따르는 답사 길에서 함께 울었던 기억이, 빠듯한 일정에 더없이 지쳤어도 내일의 다짐으로 하나 되었

대한민국임시정부 신년 축하식 (1920년 1월 1일)

던 기억이, 이 글 구절과 구절을 스스로 자아내기 때문이다. 역사와 민족은 아직은 먼데 있는 것처럼 여겨지지만, 전보다 더 두텁게 이끌림을 느낀다.

시린 날, 쇠락한 동네의 스러져가는 임시정부 청사 앞에서, 송경령 능원 외국인 묘역 한 곁에서 우리가 함께 하였기 때문이다. 아니, 그 무엇보다도 일신 영달을 꾀하여 안온한 길을 걷지 아니하고 겨레의 밝은 날을 위해 저 구절양장 72굽이 산길을 걸어간 선열의 족적이, 닮지 못하여 한참이나 모자란 후손을 걸음걸음 일깨웠기 때문이리라.

진(晉) 문공(文公)은 19년간 전국을 유랑하여 춘추오패 한 사람이 되었지만 결국은 제 일신의 안녕을 보전한데 지나지 않는다. 그런데 우리

답설야중거 불수호난행 금일아행적 수작후인정
踏雪野中去 不須胡亂行 今日我行跡 遂作後人程
눈 덮인 들판을 걸어갈 때, 함부로 어지럽게 걷지 마라.
오늘 내가 가는 이 발자취는 뒷사람의 이정표가 될 것이므로…

선열들은 그보다 더 긴 세월, 이국땅을 전전하면서도 이름도 얼굴도 알지 못하는 겨레와 그 후손을 위하지 않았던가.

　돌이키면 돌이킬수록 깊어지는 마음과 함께 여유 없음을 구실 삼아 결국은 제 앞에 큰 감 놓기에 급급했던 부끄러움을 깨닫는다. 이력서 스펙 한 줄을 덧대기 위해 안간힘을 쓰는 동안, 한 사람으로서 나는 어떤 인생의 스펙을 쌓았던가.

　민족과 역사에 여유가 없었던 것이 아니라 마음이 없었던 사람이었다. 일평생 겨레의 안녕을 위해 마음을 다하였던 김구와 선열 앞에서 더없이 작아진다. 아직은 미욱하여 그분들 삶을 따르기에는 태부족이지만 바라고 따르는 길에서 그분들 뒤를 이을 수 있기를 바란다.

　긴 노정의 한 장을 마감하는 이 글에서 새삼 답사 길을 함께 하였던 많은 분들에게 인사를 드린다. 그리고 이제 선열 얼을 잇고 뜻을 되새겨 역사의 새 장을 열어가야 하는 이 때, 함께 했던 그날 약속처럼 앞으로 여정에서도 또다시 힘이 되어주시길 바란다. 그리고 정대한 힘으로 바르게 이끌어 주시길 바란다. 아무쪼록 지난 답사의 힘찬 기운이 언젠가 계획을 잡아 떠날 청년세대 김구 삼남 유력지 답사에 이어져 좋은 결실을 맺었으면 좋겠다.

둘째날

쟈싱(가흥)
하이옌(해염)

嘉興海鹽

답사 둘째날 우리는 상하이 시내 고가도로를 거쳐 송경령 능원으로 향했다. 대도시답게 차들이 많았지만 고가도로 때문이지 비교적 차가 잘 빠졌다. 우리가 가는 쪽이 서남쪽인지, 포동 지구의 동방명주탑을 비롯한 고층건물들이 멀리 보였다.

여행 첫 날밤을 지낸 일행들이 피곤해할 때 틈틈이 독립군가와 압록강 행진곡(일명 광복군 제2지대가)를 틀고 함께 노래 불렀다. 우리가 광복군 전사가 된 것처럼 힘차면서도 비장하게 따라 불렀다. 우리 선열들이 전투에 출정하러 나갈 때 기분을 생각하였다.

신대한국 독립군의 백만용사야 조국의 부르심을 네가 아느냐
삼천리 삼천만의 우리 동포들 건질 이 너와 나로다
원수들이 강하다고 겁을 낼 건가 우리들이 약하다고 낙심할건가
정의의 날쌘 칼이 비끼는 곳에 이길 이 너와 나로다.
너 살거든 독립군의 용사가 되고 나 죽으면 독립군의 혼령이 됨이
동지야 너와 나의 소원 아니냐 빛낼 이 너와 나로다
압록강과 두만강을 뛰어 건너라 악-독한 원수무리 쓸어몰아라
잃었던 조국 강산 회복하는 날 만세를 불-러 보세
* 후렴 : 나가 나가 싸우려 나가. 나가 나가 싸우려 나가
          독립문의 자유종이 울릴 때까지 싸우려 나-가-세.

송경령 능원(만국공묘)

송경령 능원은 원래 프랑스 조계에 속하는 외국인 묘역으로 '만국공묘'라 하였다. 그런데 쑨원(孫文 손문)부인이자 중화인민공화국 명예주석인 송경령(1893~1981) 묘가 이곳에 조성되면서 이름이 바뀌었다. 이곳은 초창기 대한민국 임시정부에서 중요한 일을 한 박은식, 신규식, 노백린, 김인전, 안태국 선생 묘가 있었다.

송경령 능원은 국가중점 문물보호 단위답게 향나무, 향장나무 같은 커다란 조경수로 멋스럽게 잘 정비하여 관광객이 많이 찾아오는 곳이었다. 능원에서 처음 만난 기념물은 '송경령 동지는 영원히 썩지 않고 기억될 것이다.'라고 등소평 친필 휘호가 새겨진 기념비였다. 중국에서 송경령 위상을 알 수 있게 해주었다.

오른쪽으로 조금 더 걸어가니 흰색으로 빛나는 송경령 동상이 보였다. 동상 뒤편으로 '중화인민공화국 명예주석'이란 글씨와 함께 송경령 묘가 있었다. 여기에도 '애국주의 민족주의 국제주의 공산주의적 위대전사 송경령 동지'라는 온갖 수식어가 다 들어가 있었다. 능원 중앙에는 부모 묘가 있고 송경령 묘는 왼쪽에 있었다. 특이한 것은 송경령 유모가 옆에 묻혔다는 것이다. 송경령과 평생을 산 유모가 함께 묻히기를 원했고, 송경령이 이를 약속하여 지켰다고 한다.

이어서 아담한 옛날 만국공묘로 들어서자 바닥에 묘지석이 있었다.

땅바닥에 있는 묘지석을 닦고 술을 올렸다.

영어로 쓰인 외국인 묘지석들을 지나, 드디어 끝 쪽 땅바닥에서 임시정부 2대 대통령을 지낸 박은식 선생 묘지석을 찾았다. 그리고 신규식 선생과 노백린 선생 묘지석도 찾아냈다. 그 밖에 김인전, 안태국 선생 비석이 있었다. 이들 애국 선열 다섯 분 유해는 1993년 국내로 모셔 국립묘지에 안장되었다.

우리 일행 중 한 분이 박은식 선생 묘에 술을 따르고 절을 올렸다. 그리고 다른 일행이 차례로 절하다가 분위기가 숙연해지면서 여기저기서 훌쩍거리는 소리가 들렸다. 조국 광복을 보지 못하고 머나먼 타국에서 망국 한을 품은 채 돌아가신 분들을 생각하니 더욱 눈시울이 뜨거워졌다. 묘비에는 나무 열매가 떨어져 있었는데 어느 분이 물수건으로 정성껏 닦았다. 한국 사람들 묘가 더 있지만, 그들이 독립운동을 했는지 임시정부와 관련이 있는지는 확실하지 않다고 했다.

원래 송경령 묘지에는 김구 선생 부인 최준례 여사 묘와 비석이 있었다.《백범일지》에 따르면 1924년 1월 1일 둘째 아들 신을 낳은 후 몸도 튼튼하지 않은 상태에서 최준례 여사가 2층에서 세숫대야를 들고 내려가다 계단에서 굴러서 크게 다쳤는데 그것이 나중에 폐병이 되어 돌아가셨다.

동아일보 1928년 2월18일자 기사에 '최준례 묻엄 ㄹㄴㄴㄴ해 ㄷ달 ㅊㅈ 날 남편 김구 세움'으로 보도되었다. 그 한글 표기 비석이 이곳에 있었다고 한다. 1948년 김구가 차남 김신을 중국으로 보내 충칭(중경) 남쪽 화상산에 있는 할머니와 이동녕·차라석 선생, 형님 김인, 상하이에 묻혀 있던 어머니 최준례 여사 유해를 모셔 귀국하게 된다. 이때 이 한글 비석은 땅속에 묻었다고 하는데 지금껏 찾지 못했다. 한자로 비석에 표기하던 우리나라 비문을 순한글로 표기한 혁명적인 비석을 하루 빨리 찾기를 고대하며 송경령 능원을 나왔다. (마완근 정리)

1924년 1월 1일, 늙은 시어머니와 어린 두 아들, 그리고 뜻을 이루지 못하고 유랑하는 남편을 두고 차마 감기지 않는 눈을 감았을 김구 부인 최준례. 독립운동가이며 한글학자인 김두봉이 지은 비문이다. 국제도시 상해에서 한글로 묘비를 쓰고 숫자는 자음으로 표시했다.

> **자료** 만국공묘에 묻혔던 독립운동가

박은식(1859. 9. 황해 황주 ~ 1925.11.) : 대한민국 임시정부 제2대 대통령. 유학자로서 출발해 개화 자강론자, 애국계몽사상가, 학자, 언론인, 독립투사이다. 민족이 처한 조건의 변동에 따라 자신의 사상과 행동을 발전시키면서 모든 생애를 민족의 해방과 독립에 바쳤다.

신규식(1879.1. 충북 청원 ~ 1922.9.) : 대한제국 군인이자 독립운동가이다. 국무총리 대리를 거쳐 1921년 5월 16일부터 1922년 6월까지 대한민국 임시정부 제7대 국무총리를 지냈다. 신아동제사와 신한청년당 창설에 주요 역할을 수행했다.

노백린(1875.1. 황해도 송화 ~ 1926.1.) : 독립운동가. 1914년 하와이로 건너가 국민군단(國民軍團)을 창설했고, 캘리포니아로 이주하여 비행사 양성소를 설립했다. 1919년 3·1운동 뒤 임시정부 군무총장에 취임했으며, 국무총리를 맡았다가 1925년 4월 사임했다. 이후 워싱턴에서 구미위원부 외교위원으로 소련에 파견되어 활동하였다.

김인전(1876.10. 충남 서천 ~ 1923.5.) : 독립운동가이자 목사이다. 전주지역 3.1 운동을 주도하였다. 그 결과 1919년에 상하이로 망명하였고, 1920년 2월 임시정부 의정원(義政院) 재무예산위원(財務豫算委員)으로 피선되었다.

안태국(1880. 평남 평양 ~ 1920.4.): 독립운동가. 양기탁, 이동휘, 안창호, 이승훈, 김구 등과 비밀결사단체인 신민회(新民會)를 조직하였다. 신민회 서도총감(西道總監)으로 활동했으며, 신민회가 세운 민족교육기관인 평양 대성학교(大成學校) 교장을 지냈다. 1916년 만주 훈춘(琿春)에서 독립운동을 했다. 독립운동 단체 통합을 위해 상하이로 갔으나 병으로 죽었다.

자료 세 자매 이야기

영화 〈송가황조〉에서 송경령을 비롯한 세 자매를 다루었다. 20세기 초 중국에는 아름답고 총명한 세 자매가 있었다. 광동성 부호 송요여의 세 딸이었다. 이들은 어린 시절 둘도 없이 친밀한 언니 동생이었지만 성인이 된 이후 각자가 선택한 배우자를 따라 인생 여정이 확연히 달라졌다.

첫째 송애령, 둘째 송경령, 셋째 송미령은 같은 학교를 다녔으며 나란히 함께 미국 유학길에 올라 똑같이 위슬리 대학을 졸업하였다. 그러나 각자 가치관이 달랐다. 이들 인생을 두고 중국 사람들은 흔히 송애령은 돈을 사랑하였고, 송경령은 조국을 사랑하였으며, 송미령은 권력을 사랑하였다고 말하곤 한다. 이 말은 이들이 선택한 배우자 때문에 생긴 말이다.

첫째 송애령은 중국 산시성 대부호 공상희와 결혼하며 중국 경제를 남북으로 아우르는 대부호가 되었다. 막내 송미령은 권력을 쫓아 당시 군벌 대표 주자이자 가장 정치적이었던 장제스와 결혼하며 장제스를 보좌하였다. 그리고 가운데 송경령은 중국 근대 사상의 아버지이며 현재까지도 중국에서 국부로 존경받는 혁명가이자 사상가인 쑨원(손문)을 택했다.

송경령(1892~1981)은 언니 애령과 동생 미령에 비해 침착하고 사려깊었다. 모든 일에 심사숙고하였으며 독립심이 강하고 이상적인 사상을 실현하기 위한 길을 조용히 모색하고 있었다. 손문은 아버지의 절친한 친구이자 사상적 동지이었는데, 송경령은 스무 살이 되던 해 손문 비서가 되었다. 그리고 이듬해 손문이 제 2혁명에서 실패하여 일본으로 망명길에 오르자 같이 떠난다.

송경령은 스물두 살이 되던 1914년 일본에서 가족의 반대를 무릅쓰고 손문과 결혼한다. 그때 손문 나이는 이미 쉰을 바라보았다. 나이 차이가 많아도 손문과 송경령의 결합은 이상적이었다. 1916년 상하이로 돌아온 손문은 많은 시간을 민족주의 사상을 집대성하느라 투자했고, 그 옆에는 항상 송경령이 있었다.

송경령은 손문 저작들을 영어로 번역했으며 손문이 외국 정치가들과 만날 때는 뛰어난 어학 능력으로 적극적으로 도왔다. 그 과정에서 송경령은 손문의 삼민주의 사상에 깊이 공감하였다. 남편 손문을 돕는 동안

영화 '송가황조' 포스터.

송경령 자신도 사상가로, 중국을 미래를 짊어질 혁명가로 성장하고 있었다.

1925년 손문은 베이징(북경)에서 죽는다. 송경령과 손문의 결혼 생활은 10여 년 남짓이었다. 그러나 그 10년은 한 총명한 여성을 조국과 민족을 생각하는 지도자로 변모시켰다. 손문 사후 송경령은 중국의 정치적 상황에 적극 개입하며 남편 유지를 따라 중국 민중에게 가장 올바른 길이 무엇인가를 항상 고민하고 실천했다.

송경령은 국민당 정부 수장인 장제스와 강하게 맞섰다. 송경령은 장제스가 손문 이념과 이상을 왜곡하고 중국 당면 과제를 해결하지 않고 권력 야욕에 젖어 있다고 판단하고 대립하였다. 이때부터 시작된 대립은 평생 계속 이어졌다. 그리고 장제스 아내였던 여동생 송미령과 인연도 끝을 맺게 된다.

송경령은 빈사 상태에 빠진 중국과 중국 민중들을 구원할 길을 여러 가지로 모색하였다, 그리고 반일과 반제국주의를 주창하고 중국 혁명 주요 문제인 농민과 토지에 많은 관심을 가졌다. 더불어 여성과 아동 복지 사업에 적극적으로 참여하였다. 1945년 9월 항일 전쟁에 승리한 후 송경령은 마오쩌둥과 손을 잡고 여동생 송미령과 미령 남편 장제스를 대만으로 몰아낸다. 송경령은 남편 손문 뜻을 이어받을 정부로 중국 공산당을 택한 것이다.

1949년 중국 본토에 중화인민공화국 성립한 이후 송경령은 두 차례나 국가 부주석을 역임하였다. 이후 그녀는 중국 현대 정치사에서 빼놓을 수 없는 인물로 활약하였다. 송경령은 1981년 만선 임파선백혈병

대한민국 임시정부의 환국을 축하하며 장개석이 마련한 환송연 (왼쪽부터 풍옥상, 김구, 장개석, 송미령)

악화로 89세로 파란 많은 삶을 마친다. 죽음에 임박한 시점에서 송경령은 중화인민공화국 명예주석 칭호를 받기도 하였다.

송경령 인생 속에서 손문과 만난 것은 10년에 지나지 않았다. 그러나 그 10년이 송경령의 인생관을 송두리째 변화시키고 나머지 삶을 선택하게 하였다. 평생 남편 유지를 이어받아 중국을 생각하며 살아간 송경령이었다. 그리고 손문과 결혼하여 언니 애령과 동생 미령과 절연하여야 했다. 서로가 추구하는 가치관이 너무도 확연히 달랐기 때문이었다.

20세기 중국 현대사를 종횡무진 누비던 송 씨 집안 딸들의 삶은 2003년 10월 막내 송미령이 미국에서 죽으면서 역사가 되었다. (마완근 정리)

매만가

여행 이틀째 우리는 상하이를 떠나 95킬로미터 밖에 있는 절강성 자싱(嘉興 가흥)으로 갔다. 버스를 매만가(梅灣街) 근처에 세웠다. 매만가 주변은 말끔하게 정비되어 있었다. 자싱시는 1997년 강원도 강릉시와 자매 결연을 맺어 교류하였으며, 2001년 매만가를 시문화재 구역으로 설정하였다. 매만가를 역사 거리로 만들려고 2002년부터 김구가 거주하였던 매만가 76호와 대한민국 임시정부 요인들의 거주지였던 남문가 일휘교(南門街 日暉橋) 17호를 중심으로 그 주변을 1920~1930년대 모습으로 복원하여 2005년에는 성문화재 구역이 되었다.

잘 닦여진 골목길을 따라 조금 들어가니 김구 은신처라고 한글로 뚜

매만가 입구

렷하게 적혀 있다. 매만가 76호는 목조로 잘 지은 이층집인데, 입구에는 김구 흉상이 있고 주변에는 당시 상황을 설명과 그림으로 잘 정리하였다. 김구 흉상은 우리나라 백범기념관에서 기증한 것이다.

좁은 계단을 통해 김구가 은신했던 2층으로 올라갔다. 6평 남짓한 방 밖으로는 호수가 멋들어지게 보였다. 방 한 구석에 호수로 연결되는 비밀 탈출구가 그대로 있었다. 사람 하나 겨우 들어 갈만한 크기로 네모난 구멍이 있었고 아래층으로 연결하는 사다리가 있었다. 평소에는 침대를 그 위에 놓고 비상 탈출구를 가렸다. 그 탈출구로 내려가면 호숫가에 배 한 척이 항상 매어 있었다. 김구가 배를 타고 외출했다가 돌아올 때 창가에 걸린 빨래 색깔에 따라 집에 위기가 닥쳤는지 여부를 미리 알 수 있었다고 한다.

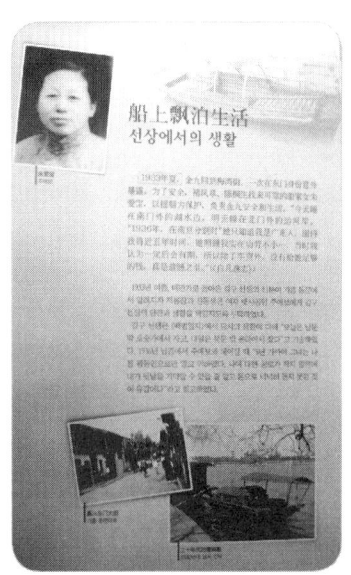

뱃사공 주애보를 소개한 글.

김구는 중국어를 잘 할 줄 몰라서, 이곳에서 아버지 외가 쪽 성을 따 장진구 또는 장진으로 이름을 바꾸고 광동인 행세를 하였다. 완벽하게 위장하려고 여자 뱃사공 주아이바오(朱愛寶 주애보)에게 자신을 의탁하였다. 주애보는 헤어질 때까지 김구를 광동에서 온 장 씨로 알았다. 이렇게 김구는 밤에는 호수에 머물고 낮에만 흙을 밟는 선상 생활을 하였다.

자싱을 완전히 떠날 때 김구는 그동안 동고동락한 주애보에 대해 "나는 나도 모르는 사이에 주애보에게 부부 비슷한 감정을 느꼈으며 그 보살핌은 너무도 컸다. 당시 나는 다시 만날 기회가 있을 것이라고 생각하여 헤어질 때 차삯밖에 돈을 주지 않아 너무 서운하다."고 하였다. 여기서 헤어진 이후로 김구는 주애보를 다시 만날 수 없었다.

매만가 김구피난처.
2층에 살던 김구는 위급한 상황이 생기면 이 비밀통로로 빠져나와 배를 타고 남호로 피신하였다.

김구 은신처를 나와 조금 걸으니 일휘교가 나왔다. 이곳이 이동녕, 이시영, 엄항섭, 박찬익, 김의한 등 임시정부 핵심 요인과 그 가족이 숨어 지냈던 곳이다. 이층에 올라가니 방마다 아주 소박한 가재 도구가 놓였다. 그 당시 것은 아니나, 그 당시 가구와 비슷한 것을 구비해 놓았다고 한다. 김구가 자싱으로 피신한 계기는 윤봉길 의거 때문이었다. 김구가 조직한 한인애국단은 1932년 여러 의거를 실행에 옮겼다. 하나는 1월 8일 도쿄 경찰청 현관 앞에서 당시 32세인 이봉창이 히로히토 일본왕이 탄 마차에 수류탄을 던진 사건이다. 비록 폭탄 성능이 약해 일본 왕을 죽이지는 못했지만 한국인의 강인한 독립 정신과 저항 정신을 온 세계에 과시하였다. 국내외 동포는 물론이고 중국인들에게도 대단히 큰 영향을 미쳤다.

또 다른 하나는 4월 29일 상하이 일본 조계에 있는 홍구 공원(현 노신

김구피난처 옆에는 언제든지 피신할 수 있게 배가 준비되어 있었다.

공원)에서 일본군이 전승 기념 행사를 할 때 윤봉길이 단상 일제 침략자들에게 폭탄을 던져 일본 상하이 파견군 사령관인 시라가와 육군대장 등을 죽이고 다수를 크게 부상시킨 사건이다.

　　　　　　이봉창과 윤봉길 의사가 일으킨 두 의거는 그동안 침체했던 한국독립 운동에 매우 큰 활력소가 되었다. 그리고 임시정부 위상이 국제적으로 크게 신장되었다. 중국 국민당 영수 장제스(장개석)는 이 의거를 가리켜 '중국의 백만 군대가 못한 일을 한국인 단 한 사람이 해냈다.'고 말하며 임시정부에 관심을 표명했다. 이때 임시정부는 매우 힘든 위기에 놓여 있었는데, 중국 국민당이 경제적으로 지원하는 것은 물론이고 황포 군관학교에서 한국 청년들이 군사 훈련을 받을 수 있게 하였다.

　홍구 공원 의거를 두고 중국인들이 한국인들을 매우 호의적으로 대하자 일본군은 프랑스 조계까지 몰려와 닥치는 대로 조선 동포들의 집을 수색하고 체포하였다. 이 사건과 관련 없는 애꿎은 안창호도 이때 체포되어 강제로 귀국 당했다. 그래서 임시정부는 할 수 없이 상하이를 떠나야 했고 김구는 당시 현상금 60만원이 걸려 도피해야 했다.

주애보

당시 일반 노동자 일당이 1원이었던 점을 고려하면 60만원은 일반 노동자가 1640년간 하루도 빠지지 않고 일해 벌어야 하는 돈이다. 오늘날 약 400억 원에 해당하는 엄청나게 큰 금액이었다.

1925년 가난으로 헤어졌던 어머니와 두 아들을 10년 만에 만났다. 윤봉길 의거 후 일제가 가족을 찾아가 괴롭히자 중국으로 다시 나오게 했다.

상하이에서 김구는 미국인 피치 선생 집에 임시로 피신하였다. 당시 중국 국민당 국제부 책임자로 있던 박찬익은 일본인이 발견할 수 없는 피신처를 찾기 위해 국민당 진과부와 접촉하고 두 사람이 노력하여 절강성 자싱의 명망가 저보성의 도움을 받게 되었다. 피치의 집을 나선 김구는 서양인으로 위장하고 피치 부인과 부부 행세를 하며 피치가 모는 차를 타고 기차역으로 갔다. 그리고 안중근의 동생 안공근과 함께 자싱으로 피신했다.

자싱에서 김구는 광동 사람으로 행세하였고 저보성 양아들인 진동생 집에서 기거하였다. 1932년 5월에서 1936년 2월 사이 자싱에 머물면서 김구는 가장 힘든 시기를 보냈으나 한편 임시정부 지도자로 우뚝 솟았다. 1935년 11월에 임시정부 의정원은 자싱 남호 유람선에서 특별회의를 열고 김구를 국무위원으로 선출하였다. 쭌이(遵義 준의)에서 마오쩌둥이 중국 공산당 실질적 지도자로 선출되는 것과 비슷하였다.

자싱에 머물면서 김구는 일본군 보복을 피하기 위해 1934년 사람을 비밀리에 보내어 모친과 두 아들을 불러들인다. 10년 만에 다시 만난 것이다. 진동생 아들 진국침은 김구를 광동에서 온 아버지 친구로 알고 '장 백부'라고 불렀다. 그 사람이 김구 어머니를 다음처럼 회고하였다고 한다.

우리 어머님이 김구 어머니를 유람 시켜 드리려고 하자, '지금 우리는 나라가 망하고 집이 없는 유랑 생활을 하오. 우리 동포들은 어려운 나날을 보내고 있는데 정말로 유람 다닐 기분이 없네. 진 부인님 마음만은 고맙게 받아드리겠네.'라고 하였다.

김구 어머니 생신이 다가오자 임시정부 여인들이 생일 축하를 해드리려고 비단을 사서 드리자, 김구 어머니가 노하여 '나는 생일을 쇠지 않네. 그리고 이 비단도 싫네. 지금 유랑 생활을 하는데 어찌 비단을 입을 수 있겠나. 혁명이 승리한 날에 비단을 입을 수 있다면 나는 한국 비단을 입겠네. 외국 제품은 싫네.' 하며 단호히 선물을 거절하였다.

진동생 양자 손계영에 따르면 1933년 초에 김구는 진동생과 함께 엄가빈 촌에 있는 자기 집에 왔으며, 진동생은 손영보에게 김구를 잘 보살펴 드리라고 하였다. 하루는 김구가 자싱에 갔다가 책이 들었다며 나무 상자 하나를 실어왔다. 나중에 엄가빈을 떠나면서 김구는 '장진구(張振球)'라고 적힌 쪽지를 반으로 잘라 절반은 자기 아버지에게 주었다.

그리고 누군가 와서 이 상자를 달라고 할 때 반드시 종이 조각을 맞추어 보고 상자를 넘겨주라고 하였다. 그러나 상자를 가져갈 사람은 안 오고 일본군이 쳐들어와 상자가 걱정스러워 열어 보았더니 책이 아니라 폭탄이 들어 있었다.

어디서 들었는지 한 무리 강도들이 쳐들어와 광동상인이 남겨놓은 상자를 내 놓으라고 협박하였다. 집에 남아있던 어머님과 자신은 강도들이 뿌린 석유에 크게 화상을 입고도 발설하지 않았고 날이 밝자 강도들은 물러갔다. 그러나 일본군에 발견되면 온 마을이 희생될까 염려하여 폭탄을 조금씩 밤에 강에다 버렸다고 한다. (이규봉 정리)

남북호와 재청별서

하이옌현(海鹽縣 해염현)은 항저우만 북쪽에 있다. 물이 많아 벼농사가 잘 되며 비단이 유명한 곳이다. 지명에서 알 수 있듯이 바다 소금이 많이 나기 때문에 소금장사로 부자가 된 사람이 많았다. 호수 가운데 있는 제방이 호수를 남과 북으로 나누어서 남북호라 하였다. 재청별서는 1916년 건축되었으며, 1960년대까지 창고로 사용되다가 1996년 복원하여 일반인에게 개방하였다.

김구는 조국을 떠나 상하이에서 14년 동안 불란서 조계에 갇혀 지냈다. 일제는 김구가 불란서 조계 밖으로 나오기만을 기다렸다. 둘째 아들 신을 낳고, 형편이 어려워 산후 조리도 못한 아내가 계단에서 굴러 병을 얻었을 때도 뾰족한 수가 없었다. 병이 깊어지자 치료를 위해 할 수 없이 조계 밖 무료병원에 아내를 보냈다. 아내가 위독하다고 연락이 왔다. 그래도 김구는 병원에 가지 못했다. 아내 최준례는 아무도 지켜주지 않는 쓸쓸한 병실에서 혼자 눈을 감았다.

그러다 김구와 임시정부 요인들은 이봉창, 윤봉길 의사 의거로 자싱매만가에 숨었다. 김구에게 현상금 60만원이 걸렸다. 은으로 만든 돈 60만원으로 은 무게만 15톤이었다. 김구와 임시정부 요인들은 매만가 백여 미터쯤 떨어진 곳에서 따로 살았다. 임시정부 요인들조차 가까이에 김구가 사는 줄 몰랐다. 그럴 정도로 집요하고 무서운 첩자를 피해야 했다.

상하이 일본 영사관에 심어놓은 임시정부 첩자가 전하길, 김구를 잡으려고 정탐군을 풀었다고 조심하란다. 자싱역 근처에 사람을 보내보니, 변장한 일경들이 눈에 불을 켜고 돌아다니고 있었다. 그래서 김구는 자싱을 떠나 좀더 깊이 숨어들었다. 하이옌현 남북호에 있는 재청별서(載靑別墅)라는 별장이었다. 재청별서는 자싱에 피신처를 제공해 준 저보성(褚輔成)의 맏며느리 주가예(朱家蕊) 집안 소유 별장이었다.

주가예가 자싱부터 김구를 직접 안내하였다. 하루 걸려 하이옌현 주씨 집에 도착하여 하루 밤을 자고, 하이옌현에서 수십리 떨어진 재청별서로 향했다.

산을 넘어가야 했다. 갓 시집와 첫아들을 낳은 지 얼마 되지 않은 주가예는 굽 높은 구두를 신고 여름 불볕더위에 손수건으로 땀을 씻으며 고개를 넘었다. 김구는 이때 일을 《백범일지》에 기록하였다.

나는 우리 일행이 이렇게 산을 넘어가는 모습을 활동사진기로 생생하게 담아 영구 기념품으로 제작하여 만대 자손에게 전해줄 마음이 간절하였다. 그러나 활동사진기가 없는 당시 형편에서 어찌할 수 있으랴. 우리 국가가 독립이 된다면, 우리 자손이나 동포 누가 저(褚)부인의 용감성과 친절을 흠모하고 존경치 않으리오. 활동사진은 찍어두지 못하나 문자로나마 기록하여 후세에 전하고자 이 글을 쓴다.

산천이 몹시도 그리웠던 김구는 아름다운 남북호를 구석구석 돌아

복원되기 전 영안정

다녔다. 마치 허기졌던 아내를 대신해 밥을 먹듯이, 그렇게 가슴 속 깊이깊이 꾹꾹 눌러 기운을 쌓았다. 나라를 찾겠다고 마음과 몸에 살을 붙였다. 하이옌에서 하루는 김구에게는 한 달이고 일 년이었다.

어느 날 시장 구경을 갔다. 국숫집에서 점심을 먹다가 그곳 중국 경찰 눈에 띄었다. 서툰 중국어로 광동상인이라 대답했지만, 일본인으로 의심을 받았다. 경찰국장이 직접 하이옌현 주씨 집까지 찾아와 조사하였다. 김구 신분이 밝혀지자 중국 경찰국장이 '있는 힘을 다하여 보호하겠다'고 했지만, 시골 경찰국장을 믿기 어려워 김구는 다시 자싱으로 돌아갔다.

지금 하이옌에는 80년 전 주가예와 김구가 산에 오르면서 잠시 쉬었던 정자가 있다. 자싱과 하이옌에 우리나라 사람들이 다니기 시작하면서, 주가예에 대한 김구 마음을 알게 된 독립운동가 이용상 선생이 한국 성남시 주민들 도움으로 그 정자를 복원하였다.

중국에는 우리나라 독립운동과 관련하여 여러 곳에 유적지가 있다. 그 중에서 자싱시와 하이옌현에 애틋한 마음이 더 있는 것은 이 두 곳 유적지 복원이 우리 요청으로 이루어진 것이 아니기 때문이다. 중국인 스스로 그 소중함을 알고 시작했다. 특히 1994년 간체자로《백범일지》중문판이 베이징에서 출간되면서, 김구와 이곳 인연이 중국인들에게도 많이 알려지게 되었다. (홍소연 정리)

1919년, 44살에 상해로 단신 망명한 김구는 다음해 아내 최준례가 아들 인을 데리고 찾아와 단란한 가정을 꾸렸다. 최준례가 남긴 한 장 밖에 없는 사진이다.

매만가에서 만난 '더불어 사는 정신'

김영조

푸른솔 겨레문화연구소장. 날마다 쓰는 한국 문화 편지 '얼레빗으로 빗는 하루' 작가, 우리 문화 강연과 글쓰기를 통해 어려운 한국 문화를 쉽고 재미있게 많은 사람에게 알린다.

　이번 여행을 같이 가게 된 이윤옥 교수한테서 새로 낼 시집이 있으니 교정을 봐달라는 부탁을 받았다. 그런데 공교롭게도 임시정부 유적지 답사 경비를 여행사에 송금한 뒤라서 출발일 전에 원고를 넘기기 위해 바삐 교정을 봐야 했다. 책장을 넘기니 이 시집은 내가 보아 온 흔한 시집과는 너무나 달랐다.

　《사쿠라 불나방》이라는 시집이 말해주듯이 1941년 태평양 전쟁을 정점으로 변절한 친일 문학인들을 다룬 책이었다. 그간 서정주나 모윤숙, 이광수의 친일 행위는 익히 알았지만 김동인이나 정비석, 이인직 등의 친일 이야기는 그다지 들어 본 적이 없던 터였다. 8월 15일 광복 두 시간 전에 김동인은 조선총독부를 찾아가서 "시국에 공헌할 새로운 작가단을 만들자."라고 말했다는 내용을 보면서 나는 울컥 화가 치밀었다.

　교정을 보면서 하루하루 다가오는 임시정부유적지 답사길을 떠올렸다. 비참하던 일제 강점기 시절 한 무리 사람들은 일제가 켜놓은 함정의 화톳불만을 쫓아 뛰었을 때, 또 한 무리 사람들은 스스로 고난의 가시밭길을 선택했다. 묘한 견줌이었다.

  대장정 길에 오르기 전에 답사팀은 2011년 신묘 양력 새해 첫날 용산 효창원 김구 묘소에 들렀다. 볼을 스치는 바람이 제법 쌀쌀한 가운데 선생은 말없이 누워 계셨다. 물설고 낯선 광활한 중국 땅에서 27년이란 세월동안 가난한 임시정부를 이끌며 고생하셨을 선생의 숭고한 삶을 새기며 답사단은 묵념으로 힘찬 출발을 다짐했다.

  그리고 1월 6일, 첫 출발지인 상하이로 출발! 서울에서 비행기로 2시간 이내에 있는 중국과 일본은 지리적으로나 역사적으로 가까운 탓에 때로는 친하게, 때로는 불편하게 지내는 굴레의 세월을 살아왔다. 여러 상념에 젖어 있는 사이 비행기는 푸동 공항에 우리를 내려놓았다. 11

김구피난처 입구

일간 대장정이 시작된 것이다. 원래 보고 느끼는 것이 여행인지라 모든 것이 새롭고 흥미로웠지만 독립투사들이 거쳐 간 곳을 들를 때마다 숙연한 마음이 들었다.

유적지 가운데 가장 기억에 남는 곳은 자싱(嘉興 가흥)이었다. 호반 도시 자싱은 항저우를 대표하는 아름다운 곳이다. 일제 감시에 쫓겨 도착한 매만가 76번지 김구 피신처는 지역유지 저보성 집이었다. 무일푼인 김구에게 중국인 저보성 일가의 헌신적인 도움은 큰 용기와 힘이 되었다. 이들이 아니었으면 어찌 되었을까?

독립운동사를 말할 때 우리는 반드시 이들 중국인을 기억해야 할 것이다. 남의 나라 독립운동가를 위해 아무 조건 없이 도왔으나 그것은

대한민국 임시정부와 김구의 피난을 도와준 중국인들과 함께.
어린이 왼쪽 : 김자동(김의한 아들). 엄기동(엄항섭 아들). 엄기선(엄항섭 딸)
1줄 왼쪽 : 진동생 부인. 정정화(김의한 부인). 민영구 어머니. 연미당(엄항섭 부인). 주가예(저보성 며느리)
2줄 왼쪽 : 진동생. ○. 김의한. 이동녕. 박찬익. 김구. 엄항섭. 저봉장

위험을 무릅쓴 모험이었다. 만일 일본군에 발각되는 날이면 자신들 재산을 날리는 것은 물론 목숨까지 위태로울 처지에 놓일 것이 분명한데도 헌신적으로 도운 것이다.

　김구를 비롯한 임시정부 요인들 피난처를 제공하고 그들 뜻을 펼칠 수 있도록 도운 분들의 따스한 마음을 새기면서 김구가 머물던 이층집을 둘러보았다. 이층으로 나있는 나무 계단을 오르며 저보성 일가의 헌신적인 사랑을 눈으로 확인하였다.
　그것은 다름 아닌 집 구조였다. 김구가 은신 중에 위험이 닥치면 바로 이층 마룻바닥 판을 들어내고 사다리를 연결하여 호숫가로 빠져나갈 수 있도록 설계된 집이었다.

　무엇이 저보성으로 하여금 조선인을 돕고 싶은 마음을 주었을까? 기념관으로 쓰는 집안 구석구석을 살피며 한 생각이 스쳤다. 조선인의 투철한 독립 의지와 김구의 자상한 인품 때문이 아니었을까 하는 생각이 그것이다. 또 중국인 하면 구두쇠가 연상되지만 저보성 일가의 헌신적인 삶의 모습을 보면서 "더불어 사는 철학"을 지닌 사람들이라는 생각이 들었다.
　그것은 우리 겨레의 오랜 전통인 '더불어 사는 삶'과 닮았다. 이웃이 행복해질 때 나도 행복할 수 있다는 진리를 우리 겨레는 일찍부터 깨닫고 있었다. 널리 이웃을 이롭게 한다는 홍익인간(弘益人間) 정신도 따지고 보면 더불어 사는 정신의 뿌리일 것이다.

우리 속담에 "잇몸이 없으면 이가 시리다."라고 했다. 또 우리 겨레 세시풍속에는 입춘날 남몰래 좋은 일을 많이 해야만 그해 복이 온다고 생각하는 "적선공덕행"이 있으며, 나이 많은 마을 어르신들에게 술과 밥을 드리는 "이레놀음", 섣달그믐날 아이들이 풍물을 쳐서 거둔 곡식을 어려운 이웃에게 나눠주는 "담치기 풍속" 등 예부터 우리 겨레는 나눔 철학을 가지고 있었다. 어디 그것뿐이랴! 한겨울 날짐승을 위한 "까치밥 남기기", 들짐승을 위한 동짓날 "고수레"에서도 그 정신은 엿볼 수 있다. 그러한 더불어 사는 정신을 항저우 자싱 '김구피난처'에서 떠올린 것은 결코 우연이 아니다.

나는 스무 해 이상 겨레문화를 연구하고 글을 써왔다. 날마다 쓰는 문화 편지를 통해 늘 이웃과 '더불어 살기'를 주장하고 있다. 글쓰기를 통한 문화 운동을 하면서 자연스럽게 나는 민족 문제와 역사에도 관심을 두게 되었다. 문화도 결국 민족이 존재하지 않으면 껍질 벗겨진 달팽이 신세일 것이다.

그래서 민족 문화여야 하고 역사를 지닌 민족이어야 하는 것이다. 조국을 위하는 것은 말이 아니라 실천이다. 그 실천적 삶을 살던 분들 발자취를 좇는 답사 구성원들은 다양한 사람들이었지만 답사 여정 내내 버스 안에서 흘러나오던 독립군가를 거부감 없이 받아들일 수 있었던 것은 우리가 한마음이었기 때문이다. 그것은 우리 피 속에 흐르는 그 무엇인가가 통했기 때문이며 우리가 결코 여럿이 아닌 하나였음을 확인해주는 것이기도 했다. 마치 답사단은 독립군이나 된 것처럼 독립군가를 힘차게 부르고 또 불렀다.

  귀국 길에 항저우 대한민국임시정부 청사에서 붓 한 모음(세트) 사서 내가 날마다 1만여 명에게 보내는 한국문화 편지 '얼레빗으로 빗는 하루'에 그림 자원 봉사를 하시는 이무성 화백에게 드렸다. 화백은 매우 뜻 깊은 선물이라며 임시정부의 뜨거운 흔적이 느껴지는 붓이니만큼 김구 선생의 "나의 소원"을 가장 먼저 쓰겠다며 기뻐했다.

  임시정부 청사의 정기 어린 붓으로 쓴 화백의 '나의 소원'을 기대하면서, "부자나라보다는 높은 문화 민족을 꿈꾸던" 백범 김구의 삶을 뒤 쫓는 삶을 살아야겠다는 다짐을 이번 답사를 통해 새롭게 다졌다.

피곤해도 잠을 잘 수가 없었다

마완근

경기 마석고 국사 교사, 주변을 즐겁게 하려고 푼수 떠는 것을 좋아한다. 체험 학습과 테마 여행에 관심이 많으며, 사람들에게 맛집 소개하는 것을 즐긴다.

신혼 여행 이후 10년만에 해외여행이자, 생애 3번째 해외여행을 임시정부 사적지 답사로 정했다. 이 여행을 가게 된 계기는 대학동기모임 카페에서 이 여행에 대한 공고를 보았기 때문이다.

여행이란 기회다 싶으면 '달러 돈을 꿔서라도 가야된다.'고 여기저기에 말해놓고는 정작 지금에서야 용기를 냈다. 부랴부랴 여권을 만들고 쉽지 않았지만 자금을 겨우 조달해서 신청했다. 눈앞엔 벌써 중국의 광활한 대지와 장강이 보이는 듯 했다.

하지만 주제가 있는 여행이라 과제가 주어졌기에 상하이행 비행기를 타기까지는 쉽지 않았다. 여행 전에 《백범일지》를 읽어야 하고, KBS에서 방영된 다큐멘터리 '임시정부 27년 대륙 3만리' 동영상을 시청해야 한다고 하였다. 시간적으론 여유가 있는가 싶었지만 학기말이라 학교 일이 집중된 데다가, 없던 일마저 추가된 탓에 마음만 급하고 정신없이 하루하루가 지나갔다.

쉽게 읽을 것 같은 《백범일지》는 다른 일에 밀려 짬내서 조금씩 읽게

외탄에서 건너다 본 포동 야경

되었고 급기야 여행 전날에야 겨우 수박 겉핥기로 읽고 출발하게 되었다. 수학여행처럼 마음은 설레지만 시험 공부 다 못하고 시험 보러 가는 학생 마냥 그렇게 출발한 여행이었다. 어쨌든 이번 기회에 독립운동사에 대해 좀 더 공부하고, 대한민국 임시정부와 김구 선생에 대해 확실하게 알아보는 것으로 목표를 잡았다.

복잡한 심정을 알 리 없는 두 아들은 아빠가 여행 가는 게 그저 신기하고 부러운 모양이다. 지금껏 주로 가족이 함께 하는 여행을 한 터라 저희들 나름으로 섭섭했을 거다. 중국에 대한 질문을 쏟아내는데 아이들이라서 그런지 하나같이 먹는 거에 대한 얘기였다. 짜장면이 있는지부터 사천요리까지.

말로만 듣던 상하이는 역시 대단한 도시였다. 서울에서도 쉽게 찾아보기 어려운 고층 건물들이 즐비하였다. 서울 번화가라는 종로나 을지로 또는 강남에 지은 빌딩들은 최근 지은 몇몇 것들을 제외하면 하나같이 성냥갑 모양인데, 상하이 빌딩은 저 마다 독특한 모양을 한 것이 인상적이었다.

그중에서도 단연 동방명주가 눈에 띄었다. 보는 방향에 따라 모양이 달라서 옆으로 보면 칼을 형상화 한 것처럼 보이고, 정면에서 보면 위쪽이 뚫려있어 병따개처럼 보이는 상하이 국제금융센터 건물 역시 눈길을 사로잡았다. 그러나 일정상 아쉽게도 관람할 시간이 나질 않았다.

영국 조계지로 근대식 서양 건물이 즐비한 와이탄 야경과, 황포강 유람선 불빛과, 강 건너 푸동 야경은 그야말로 환상적이었다. 어떤 분은 홍콩보다 화려한 것 같다고 하셨다. 강가여서 추운 날씨에 더 춥게 느껴져 상하이 밤은 이렇게 아쉽게 끝나갔다.

또한 이번 답사를 통해 세계 2위 경제 규모로 성장한 중국이 하루가 다르게 발전하고 있음을 확인했다. 상하이와 항저우에는 공장과 콘테이너가 즐비하였고, 창사 공항 근처 공장은 길이가 몇 킬로미터나 되는지 끝이 보이지 않았다.

시속 340km로 달리는 고속전철, 공항만큼이나 커 보이는 광저우 고속전철 역, 우리나라와 차이 없는 백화점 고급 제품들, 상하이 여성들의 세련된 옷차림은 현대 중국을 알게 해 주었다. '크다, 넓다'라는 표현도 있지만 나는 '엄청나구나'라는 말을 되뇌이곤 했다.

그런가 하면 창사, 난징, 구이양 시장에서 만난 상인들과, 사천성으로 가는 고산 지대에서 사는 사람들은 여전히 순박하면서도 궁핍하게 사는 듯 보였다. 중국 혁명으로 인해 역사상 처음으로 굶는 사람들은 없어졌지만 빵을 먹는 사람, 밥을 먹는 사람, 국수 먹는 사람으로 인민들 수준이 나눠졌다는 말을 실감했다.

이번 여행은 임시정부가 처음 수립되었던 상하이에서 김구 선생님이 피신했던 항저우, 자싱, 하이옌과 일본의 중국 침략으로 임시정부가 이동했던 전장(진강), 난징(남경), 창사(장사), 광저우(광주), 류저우(유주), 구이양(귀양), 치장(기강), 충칭(중경)을 모두 찾아가는 여정이었다.

상하이 근방은 쉽게 갈 수 있으나 임시정부를 옮긴 중국 전 노정을 답사하는 것은 쉽지 않은 일이다. 우리나라 시민 단체로서도 답사단을 꾸려 답사하는 것도 처음 있는 일이라 했다. 특히 구이양에서 치장으로 가는 길에 72굽이 산길은 다른 탐방에서도 거의 없는 일정이었다.

상하이 대한민국 임시정부 기념관은 기대했던 것보다는 작았다. 그 옆 건물은 지금도 중국 사람들이 살고 있는 건물과 골목이라서 기념관 옆집에 빨래를 널어놓은 것이 신기했다. 관람객이 하루 500명 정도 된다고 해서 놀랐다. 우리가 방문한 날도 초등학생 단체를 비롯하여 많은 한국 사람들이 줄을 서서 관람을 기다렸다. 상하이, 항저우 관광 코스가 비교적 가까운 거리라서 많이 온다고 한다. 여정에 잡혀있어 독립운동에 대해 잠시나마 생각해 본다는 것이 매우 다행이었다.

멀디먼 광서성 류저우에도 임시정부 기념관이 있다는 사실도 새삼스러웠다. 김구 선생과 임시정부라고 하면 상하이와 충칭 정도만 생각했었는데 이처럼 많은 곳을 방랑하며 고생하였다는 것을 비로소 느낄 수 있었다. 그동안 잘 몰랐고 관심도 없었다는 것이 부끄러웠다.

류저우에서 구이양으로 가는 밤기차를 탄 것도 즐거웠다. 식당 칸을 쓸 수 있어서 술과 안주를 먹을 수 있었고. 함께 여행을 하게 된 중국인 예비 부부와 우리 일행이 이야기를 나눈 것도 의미 있었다. 그 부부는 서안 출신으로 심천에서 직장 생활을 하다가 지금은 캐나다 유학 중이라고 하였다. 친구 6명이 뜻을 모아 구이양 가난한 학교를 방문하여 장학금을 전달하러 간단다. 와우! 중국에 이런 젊은이가 있다니. 중국인은 모두 돈벌이에 급급한 줄 알았는데.

충칭은 임시정부와 광복군 유적지가 집중된 곳이었다. 광복군 총사령부가 있던 곳은 지금 식당으로 쓰고 있었다. 사진만 찍고 나왔는데 이곳에서 식사하며 둘러보았으면 좋을 것 같았다. 충칭은 최근 중국 서부 대개발 관문답게 중심가는 매우 변화하고 거리는 활기차 보였다. 충칭은 중국 3대 찜통 도시 중 으뜸이라 했는데 다행히 우리는 겨울에 와서 그 끈적끈적한 더위를 피할 수 있게 되었다.

양자강과 가릉강이 만나는 곳은 밤낮으로 경치가 훌륭했다. 밤엔 풍부한 양자강 수력 발전을 바탕으로 현란하게 건물을 조명하고, 낮에는 푸른 가릉강과 탁한 양자강 위로 대형 배들이 떠다니고 있었다. 그렇게도 보고 싶던 장강 앞에서 감개무량하여 연실 카메라 셔터를 눌러댈 수밖에 없었다.

유수동씨가 아버지 유진동을 가리키고 있다.

이번 답사에서 뜻밖의 수확이 있다면 충칭에서 유진동 선생 아드님 유수동 님을 만난 것이다. 유진동 선생은 김구 선생님 주치의였다. 해방 후 환국하였다가 국내 정황이 제대로 돌아가지 않는다고 판단해 중국인 부인과 같이 중국으로 돌아갔다. 그 후 북에서 전후 조국 재건을 위해 오라해서 북으로 들어갔다고 한다. 나중에 북쪽에서 유진동 선생은 낯선 사람들에게 끌려가서 그 길로 행방불명되었단다.

그 후 충격으로 가족들은 중국에 돌아와 정신 병원을 전전해야 했다. 남쪽에서는 북쪽 인사라고 해서 독립유공자로 인정해 주지 않았지만, 몇 년 전에야 독립유공자 후손으로 인정됐다고 하였다. 그분이 우리 일행과 함께 했기에 더욱 기억에 남는 여행이 되었다.

특히 유수동 님이 연화지 임시정부 청사에서 사진을 가리키며 '아버지'라고 해서 눈물이 핑 돌았다. 한국말을 잘 못하지만 '아버지'란 단어만큼은 분명하게 발음했다. 나는 얼른 그 장면을 놓치지 않으려고 카메라 셔터를 눌렀다.

이번 여행은 내가 알고 있는 지식들이 얼마나 막연한 것이었는지를 깨닫게 해주었다. 나 나름대로 임시정부와 김구 선생에 대해 알고 있다고 여겼지만, 내가 알고 있었던 것은 피상적인 사실이었다. 막연히 감상적 민족주의자이며 시대에 뒤떨어진 고집 센, 그러면서도 늙은 독립운동가로 알고 있었다. 그래서 일부 책들을 보고 속단하지 말자고 다짐했다.

여행 전 새롭게 독립운동사를 정리해보자는 생각이 들었는데, 답사를 하다 보니 차리석, 엄항섭, 현익철 선생님은 물론, 의열단과 조선의용대를 창설한 김원봉 선생님 같은 분들까지 친해져야만 하는 것을 절실하게 깨달았다. 반성 또 반성하는 여행이었다. 그냥 아무 생각 없이 이 달의 독립운동가로 지정된 현익철 선생 사진을 복도 게시판에 붙여 놓은 것이 떠올라 쥐구멍이라도 찾고 싶은 심정이었다.

또한 이번 답사를 통해 평소 가고 싶었던 중국 여러 도시와 지역을 알게 되었다. 임시정부 사적지 답사가 목적이라면 덤으로 중국 사람들은 어떻게 살고 있는지 궁금했다. 상하이, 광저우, 난징, 충칭, 창사, 항

중경 대한민국 임시정부 청사 전시실 임정요인 사진 앞에서 마완근.

저우, 류저우, 구이양 도시를 탐방하려고 시장을 다닌 것 그 자체로 즐거웠다.

중국은 유럽 땅 덩어리 만큼 크기에 기후나 자연 환경이 다양하다고 했는데 광서 지방을 빼고는 어디를 가나 추웠다. 우리나라 전라도와 제주도 정도 겨울이라고나 할까. 화교 본고장 광동성, 장족 자치구가 있는 광서성, 천하 절경 계림이 있는 귀주성, 삼국지 촉한 무대이자 매운 요리로 유명한 사천성이 머리에 들어왔다. 중국 산과 강, 이 모든 것을 알아야겠기에 모든 것이 신기하게 여겨졌다. 피곤해도 잠을 잘 수가 없었다.

즐거운 답사를 마치고 돌아와서 짐을 정리하니 여행 가방 속에서 중국 물건들이 반갑게 쏟아져 나왔다. 소금과 설탕으로 범벅이 된 말린 과일, 오징어 말린 것처럼 질긴 염장 죽순, 중국 향료 맛 사탕, 35원에 산 다기 세트, 차를 마실 수 있는 보온 물통, 볶은 해바라기 씨, 건청포도, 심지어 훈제 베이징 오리까지……. 아내는 특별히 건질 물건이 없었는지 심란한 표정이었고 아이들은 조심스럽게 과자를 맛보다가 향료에 기겁을 한다. 이것을 가져오기 위해 얼마나 뛰었는지도 모르고. 감동적인 여행일수록 여운이 남는 걸까. 난 아직도 중국 어느 지역을 답사하고 있다는 착각 속에서 용정차, 보이차, 우롱차를 차례로 마시며 언제일지 모르는 다음 여행을 그리고 있다.

항저우는 중국 저장성 성도이다. 상하이 아래쪽에 있고 첸탕강(錢塘江 전당강) 하구에 있으며, 서쪽에 시후호(西湖 서호)를 끼고 있어 쑤저우(蘇州 소주)와 함께 아름다운 고장으로 널리 알려졌다. 특히 우리나라에는 용정차 주산지로 유명하다. 관광지로는 서호 외에도 육화탑, 뇌봉탑, 청황거, 영은사, 악비묘 등이 유명하다.

군영반점

우리는 항저우에서 임시정부 판공실이 있던 건물 '군영반점(群英飯店)'을 찾았다. 현재 주소는 인화로(仁和路) 22호이며 1932년 5월부터 10월까지 임시정부 임시 판공처였다. 임시정부는 1932년 4월 윤봉길 의거 이후 상하이를 떠나 항저우에 도착하였다. 항저우로 이전하여 처음으로 사용한 청사였다.

이 건물은 처음에는 1910년에 신태반점(新泰飯店)으로 설립되었으며, 손문과 노신 등 중국 유명인들이 숙박하였던 건물이다. 건립 당시에는 항저우에서 가장 좋은 건물이었던 것 같다. 1933년 '청태제2여관(淸泰第2旅館)'으로 이름을 바꿨다가, 1967년 '군영반점'으로 개명하여 현재에 이른다.

우리 답사단을 안내한 이봉원 님이 이 청태제2여관 존재를 처음으로 확인하였다고 한다. 1994년 4월 이곳을 찾아 그 당시 건물명인 '청태제2여관'이라는 흔적을 찾아냈다는 것이다.

'청태제2여관'을 아는 국내 관계자가 없는 상황에서, 이봉원 님은 임

김구가 쓰던 방 앞에 걸린 초상화

시정부 요인이 항저우에 머무를 만한 장소로, 역사가 오래된 숙소를 찾아다녔다고 한다. 그러다가 아주 나이 많은 노인에게 물어 이곳에 들렀으나, 종업원 중에 '청태제2여관'을 아는 사람이 없었고, 이곳이라고 확신할 만한 증거도 없었다. 그래서 낙담하고 발길을 돌리는 순간, 햇살이 현관 유리문을 비추는데 '청태제2여관'이라고 새겨진 글씨가 아주 희미하게 보이더라는 것이다. 군영여관 건물이 옛날 '청태제2여관'이라는 것을 확인하는 순간이었다.

지금도 여관과 음식점으로 사용하는데 아주 낡았고, 방은 몹시 비좁았다. 여관측 허락을 받고 몹시도 조심스럽게 여관을 돌아보았다. 2층에서 이곳에 머물렀던 유명 인사들 사진을 볼 수 있었다. 특히 김구 주석 사진을 발견하고는 감개무량하였다.

이곳 32호실에 임시정부 군무장 김철(金澈)이 머물렀고, 임시정부 임시 국무위원회를 개최하기도 하였다. 지금 군영반점은 항저우시 인민정부상업국 소속인 음식복무공사에 속한 국영여관 겸 음식점이다.

임시정부는 이곳 청태제2여관에서 잠시 머물다가 호변촌(湖邊村) 23호로 이전하였다. 그러나 이전한 시기는 분명하지 않다. 답사단 누군가가 다음에는 좀 불편하더라도 여기 군영반점에서 숙박하는 게 좋겠다고 해서 모두들 공감하였다. (김찬수 정리)

호변촌

대한민국임시정부는 1932년 윤봉길 의거를 계기로 상하이 청사를 떠난 뒤 여러 곳을 거쳐, 다시 항저우(杭州) 장생로 호변촌 23호로 이전한다. 그리고 이곳에서 1932년 11월에서 1934년 11월까지 활동한다. 이 청사는 임시정부가 충칭으로 이전한 후 오랫동안 중국인 가옥으로 쓰였는데, 2007년 11월 30일 항저우시와 우리 정부의 노력으로 '대한민국 임시정부 항저우 기념관'으로 복원되었다.

호변촌은 말 그대로 호숫가에 자리를 잡은 마을이다. 임시정부로 쓰던 건물에서 잠깐 걸어가면 항주 서호를 볼 수 있다. 독립 운동으로 힘들 때 커다란 위안이 되었을 만한 아름다운 곳이었다.

항저우 호변촌 전시관에는 중국에서 온갖 어려움을 견디며 임시정부를 유지해간 우리 선열들 생활상을 판단할 수 있도록 생생하게 복원하여 놓았다. 먼저 한국말로 된 영상을 보여준 뒤, 중국인 안내원이 안내하며 하나하나 설명해 주었다. 그 시대 물건을 가지런히 전시하였으며, 당시 요인들 거주지를 확인하여 사진으로 보여주었다. 또 기관지 같은 활동 자료와 관련 인물을 꼼꼼히 소개하여 놓았다. 아크릴로 그 당시 여러 인물과 역사적 배경 따위를 풍성하고 깔끔하게 제작하여, 중국에서 여러모로 배려하고 있다는 것을 느낄 수 있었다. 우리가 이미 지나온 자싱 매만가와 뱃사공 주애보 관련 자료도 전시해 놓았다.

한국인 관광객이 상하이를 들른 뒤 이곳을 거쳐 서호로 가고 용정차 주산지로 간다는 사실을 중국 정부에서도 실감하는 것 같았다. (김찬수 정리)

말끔하게 정비된 항저우 기념관 앞쪽

항저우 서호

이번 답사에서는 '관광'할 기회가 거의 없었다. 그런데 항저우(杭州) '서호(西湖)'는 긴 시간은 아니었지만 정말 맘 편히, 즐기면서 둘러볼 수 있었다. 항저우 서호가 우리에게 남다르게 와닿는 것은 수원에도 서호가 있기 때문이다. 수원 서호가 바로 중국 서호에서 그 이름을 따왔고, 수원 서호에는 '항미정(杭眉亭)'이라는 정자가 있어, 그 당시 조선 사람들이 중국 서호를 보고 싶어 했음을 알 수 있다.

수원 서호는 1894년 정조가 '화성'을 쌓을 때, 수원 사람들의 먹고 사는 문제를 해결해 주려고 큰 국영농장(대유둔, 서둔)을 만들고 농장에 물을 대려고 저수지 3개를 만들었다. 북쪽에는 만석거(萬石渠, 北池), 남쪽에는 만년제(萬年堤), 서쪽에는 축만제(祝萬堤, 西湖)를 쌓았다. 여기서 '만(萬)'을 세 곳 모두 쓴 것은 '많이', '오래도록', '크게'를 뜻한다. 지금도 서호는 농촌진흥청에서 운영하는 농업시험장에 물을 댄다.

이 서호에 호수를 한 눈에 내려다 볼 수 있는 곳에 항미정이라는 정자가 있다. 항미정이라는 뜻은 소동파 시, '서호는 항저우 눈썹과 눈이다'는 '杭州眉目(항주미목)'에서 유래했다. 미목은 눈썹과 눈을 아울러 이르는 말이다. 항미정에서 바라보는 서호 낙조는 수원 팔경 중 하나로 아름답다. 이를 아는 사람이 항저우 서호를 둘러보면 감회가 남다를 것이다.

그런데 수원 서호와 항저우 서호는 크기가 비교가 안 된다. 수원 서호도 꽤 커서 둘레가 2킬로미터 정도인데, 이곳 서호와 비교하자면 서호

인공 호수라 하기에는 서호가 너무 넓었다.

는 바다다. 국가 명승지로 지정되어 보호되는 서호는 제방 3개가 있는데, 각각 소제(苏堤), 백제(白堤), 양공제(杨公堤)이다. 역사적으로 2,000년 전에는 첸탕강(钱塘江) 일부였다가, 진흙모래가 쌓여서 남과 북쪽에 있는 오산(吳山)과 보석산(寶石山)을 막아서 형성된 호수이다.

백제(白堤)는 당나라 중반 덕종 때 백거이(白居易)가 항저우 관리로 임명되어 무너진 제방이 농사를 망치는 것을 보고 제방 공사를 하여 더 길고 튼튼한 둑을 쌓게 했다. 그리하여 수원이 풍부해지면서 가뭄이 해갈되었고 이것이 백제(白堤)다. 백거이는 둑 옆에 수양버들을 심고는 매일 산책하고, 공사를 감독하였으며 지금도 수양버들이 둑에 있다.

소제(蘇堤)는 2백년 후 송나라 초기 철종(1086~1094) 때 유명한 소식(蘇軾, 소동파)이 항저우에 관리로 임명되어 왔을 때 농민들이 가뭄으로 고생하자 호수 바닥에 침전된 진흙을 모두 파내게 했다. 이것이 기존 백제보다 세 배는 더 길고 넓었고 이게 나중에 소동파 성을 따서 소제(蘇堤)가 되었다.

  우리 일행은 배를 타고 서호를 둘러보았다. 우리는 엔진 달린 배였으나 직접 노를 젓는 자그마한 배로 한가로이 둘러보는 관광객도 많았다. 시간만 되면 저게 더 운치 있겠다 싶었다. 큰 배로 둘러보는데도 시간이 꽤 걸렸다. 저 작은 배로 둘러보려면 한나절은 걸릴 것 같다. (김찬수 정리)

진짜 독립군이 되다

우왕기

한선희 남편. 인문계고 수학교사, 민족문제연구소 회원, 야학 한국사 교사, 정의로운 사회를 꿈꾸는 범부.

  고등학교 수학교사는 어렵고 딱딱한 문제를 푸는 사람이라서, 보통 사람들에게는 경이롭고 때론 껄끄러운 사람일 것 같다. 원래 나는 역사뿐만 아니라 사회 현실에 대하여 문외한이었다. 그러나 오래 전 민족문제연구소와 인연을 맺은 후 많은 사람을 만나고 공부하면서 현실 사회에 대한 인식을 바꾸었고 참여 의식도 강해졌다.

  1998년부터 아내와 함께 수원 한 야학에서 봉사 활동을 하다가 역사를 가르치게 되었다. 야학에서 검정고시를 준비하는 어머니들과 근현대사를 공부하면서 일제 시대에 조국 독립을 위해 만주에서 또는 중국 땅에서 목숨을 바쳐 일제에 항거하던 지사들의 충정. 한편으로는 민족과 조국을 배신하고 일제에 빌붙어 오직 자신의 영달을 위해 살았던 친일파. 이 두 삶을 극명하게 대조할 기회가 많았다. 그때마다 친일매국노가 받은 작위와 돈이 고스란히 민초들 부담으로 돌아갈 수밖에 없던 사실에 어머니들과 나는 함께 울분을 토하였다.

  역사는 단지 시간이 지나면 되돌릴 수 없는 것인지? 어쩌면 우리들은 울분을 토하면서 현실에 있는 모순들은 외면하는 것이 아닌지? 선열들의 피와 눈물로 쌓아올린 소중한 가치를 잘 지켜 어떻게 해야 후대들에게 온전히 물려주는 것인지? 인간적인 양심과 가치가 우선하는 세상이 되려면 우리는 어떻게 해야 하는지? 수없이 자문할 때가 많았다.

그러던 참이라 임시정부 사적지 답사를 함께 가자는 제의에 조금도 망설이지 않고 찬성하였다. 더구나 중국을 한 번도 가보지 못하였으므로, 중국에 대한 막연한 호기심으로 이번 여행을 두고 설렘과 기대감이 컸다.

그런데 행운이 뒤따랐다. 우리 답사 구성원이 아주 다양해서 한 사람이 이야기를 꺼내면 누군가 뒤따라 보완해주고 또 다른 사람이 정리해주어서, 나처럼 역사 공부에 관심이 많은 사람 입장에게는 그저 고마울 수밖에 없었다. 예를 들어 이번 여행을 하며 내가 명종 때 천재 시인 허

72굽이 산길을 넘어가기 직전 마을 식당

난설헌의 불우했던 일생을 설명하면서, 누이를 그리워하던 동생 허균의 시를 들려주었다. 그러자 다른 사람이 일어나 허균이 혁명가로서 어떻게 살았는지를 자세하게 정리해주었고, 또 다른 사람은 허난설헌 큰오빠인 허성을 소개해 주는 식이었다.

　서울에서 상하이까지 비행기로 1시간 40분정도 걸리지만 시차는 1시간이었다. 그런데 충칭에서 상하이까지 비행기로 2시간이나 걸릴 정도로 넓은 나라인데도 중국은 시차 없이 동일 시간을 쓰고 있었다. 버스를 타고 도시에서 도시로 이동하는데 보통 5~6시간이 걸렸다. 우저우에서 유저우로 향하는 도로 주변은 계림 한 줄기로서 기암괴석이 차창 밖으로 내내 이어져 있었다. 그 풍경을 바라보며 즐거웠지만 한편으로는 무척 부러웠다.
　촌락이나 토착인들이 사는 지역을 지날 때는 후줄근한 모습이었지만, 도시가 형성된 곳에서는 어김없이 고층 건물이 즐비하고 왕래하는 사람들로 붐볐다. 개발 열풍으로 하루가 다르게 변모하는 현재 중국 모습을 잘 지켜볼 수 있는 기회가 되었다.
　추운 날씨를 피해 따뜻한 중국으로 여행을 가게 되었다고 하여 우리 답사 지역은 일부만 빼고 날씨가 따뜻할 것이라고 예상을 하고 얇은 점퍼, 셔츠를 준비하였으나 정작 중국에 도착하니 100년만의 한파라고 영하 날씨가 계속되었다. 난방이 잘 안 되는 호텔과 히터가 작동되지 않는 버스에서는 입고 간 옷 중에서 제일 따뜻한 옷 한 벌이면 충분하였고, 그렇게 내의도 벗지 못하고 전 일정을 소화할 수 있었다.

음식이 입에 맞을까 걱정스러웠고, 장족, 묘족 등 우리나라 사람들이 많이 가지 않는 소수 민족 자치구 지역에도 들린다고 하여 몇몇 기본 반찬들을 준비하였지만 거의 필요하지 않았다. 모든 음식에 그런대로 잘 적응이 되었고, 현지 식단은 지역에 따라 많이 다를 것이라는 생각은 한낱 기우일 뿐이었다. 중국도 이제는 음식이 거의 동일해지고 있다는 사실이 놀랄만한 일이었다.

중국 쪽에서 볼 때 임시정부 사적은 남의 나라 유적이다. 그래서 임시정부 사적이 도시에서는 대부분 개발로 사라지고 없었다. 그러나 적지 않은 지역에서 중국은 시정부 예산을 들여 기념관을 만들어 관리해 주고 있어서 아주 고마웠다. 물론 기념관을 세우면 한국 관광객이 많이 찾을 것이라는 기대도 하였을 것이다. 그렇게 해서라도 이역만리 이 땅에서 우리 선조의 발자취를 마주할 수 있었다는 것에 나는 감격하였다.

답사를 마치면서 부민관 의거 주인공인 민족문제연구소 전 이사장 조문기 선생님 생각이 많이 났다. 선생님은 평소 민족문제 연구소 행사 때마다 "여기 모이신 여러분들이 바로 독립군이십니다."라고 하셨는데, 그때는 그 소리가 무슨 뜻인지 모르고 무심히 들었다.

그런데 충칭 연화지 임시정부 청사에서 답사를 마무리하며 우리 일행이 옛 독립군가를 부르며 모두 눈물을 흘리고 감격스러워할 때에서야 비로소 그 뜻을 알았다. 나라를 생각하며 처음에는 한두 사람이 모여서 뜻을 모으기 시작하였을 것이다. 길거리 잠과 험한 음식으로 고통스런 하루하루를 이어갔지만, 그렇게 작은 씨앗이 땅에 떨어져 자라고 결국엔 열매를 맺었으리라.

선생님은 사람이 많지 않아도 우리 하나하나가 모두 작은 씨앗이고 언젠가 나중에는 모두 제 몫을 다하리라 생각하신 것이다. 선생님 말씀대로 '이제야 나는 진짜 독립군이 되었구나.'하는 생각에 가슴 밑바닥에서부터 충만해지는 것을 느꼈다.

이제는 책도 많이 읽고, 내 방도 잘 치운다

최민지

인문계 고교생. 먹고 놀고 빈둥거리고 이야기를 좋아한다. 현빈에 푹 빠짐. 다른 여고생들은 모르겠지만 내 배는 우주다. 나중에 역사 관련 일을 하고 싶다.

이번 중국 답사는 내가 무척 원했던 여행이었다. 평소 나는 역사에 관심이 많아서 텔레비전 역사물을 자주 보고, 수업 시간에 역사에 관련된 이야기를 열심히 들었다. 물론 학교 생활에 바빠 제대로 된 답사나 여행을 해본 적은 없었다. 기껏해야 가족들과 우리나라 옛 왕조의 사적을 관광할 때 스쳐 지나가듯 보았을 뿐이었다. 그런데 이번 임시정부 유적지 답사는 전문가가 안내한다니 정말 기다려지는 여행이었다.

인천 공항에서 다른 사람들과 처음 만날 때는 다들 어색하고 으쓱했다. 그런 줄 알고 있었지만 내 또래 학생은 적었고, 대부분 나이든 어른들 뿐이었다. 그래서 애초 기대와는 달리 '아, 시간이 언제 나를 마지막 날로 데려다 줄까.'라고 생각하였다. 물론 그 생각은 하루가 지나지 않아 빗나갔다. 너무나 신나고 재밌게 즐길 수 있던 여행이었다. 심지어 5일쯤 지났을 때는 '아! 시간이 왜 이렇게 빠른 거지. 이러다가 마지막 날이 오면 어떡하지.'라고 생각할 정도였다.

우선 아침마다 버스를 타면 다 같이 독립군가를 노래하는데, 나는 그때마다 내가 독립군이 된 느낌을 받았다. 우리 일행은 손톱만한 시간도 그냥 보내지 않았다. 특히 버스로 이동할 때마다 우리를 즐겁게, 활기차게 했던 건 바로 퀴즈였다. 역사 퀴즈, 난센스 퀴즈를 풀었는데 문제에 상품을 걸어서 모든 사람을 긴장시켜 똥줄을 타게 했다. 우리는 상품 앞에서 순한 양이 되어버리곤 했다.

중국 기차 이층 침대칸 모습

그러면서도 "콩 한 쪽도 나눠 먹는다."는 속담처럼 먹을 것도 나누고, 상품도 양보하며 서로서로 위하고 베풀었다. 사람들의 따뜻하고 너그러운 마음을 느낄 수 있었다. 재미도 있었지만 배운 점이 더 많았다. 버스 이동 시간이면 함께 간 선생님들이 강의하고, 토론하는 시간이 되어 토론장에 온 느낌이었다. 특히 선생님들의 강의는 하나하나 새겨듣고 기억해 두어야 할 이야기들이었다.

언제나 느낀 거지만 "난 정말 수박 겉핥기로 받아들여 자세히 아는 건 하나도 없구나. 난 정말 공부를 많이 해야 하는구나."하며 반성하는 계기가 되었다. 작은 지식이라도 아그작 아그작 씹어서 내 것으로 소화해야겠다는 것이 이번에 얻은 교훈이었다.

그리고 이번 여행 중 기차에서 하룻밤을 자는 일정이 있어서 속으로 많이 기대했다. 하지만 정작 기차를 탄 뒤, 나는 언제나 좋고 깨끗하고 넓은 것에 익숙했다가 큰 코를 다쳤다. 우리가 탄 기차는 1등급 침대칸이었다. 누워서 갈 수 있다니 편하고 낭만적이겠다고 생각했다. 그러나 일등석이라고 예상했던 환상적인 모습들은 보이지 않았다. 실내며 잠자리가 살짝 꾀죄죄하였다. '헐! 이게 1등석이야?' 하는 생각이 들고 침대칸에 실망했다.

그러나 그것도 잠시. 우리 침대칸 옆 식당칸을 건너서 문 하나 사이로 보이는 상황은 정말 처참하였다. 일반 좌석 칸 열차에 중국 여행객으로 가득 찼다. 칸은 더럽고 통로는 좁아서 사람들은 땅에 앉아 있거나, 밖이 추운데도 문밖에 서있었다. 정말 전쟁터가 따로 없을 정도였다.

그런 걸 보면서 '아, 내가 배가 많이 불렀구나. 정말 편안하게 살았구나. 내가 잘못 생각한 거였구나.' 하는 생각이 들었다. 그때 그것을 계기로 정말 많이 깨달았고, 앞으로 나도 많이 변해야 한다고 생각하였다.

사람이 살면서 힘든 과정은 언제나 닥치게 마련이지만 어떻게 헤쳐 나가느냐가 중요할 것이다. 그처럼 우리 선열들이 여러 곳을 다니고 시련과 고통을 힘겹게 헤쳐 나가면서 되찾아준 나라가 우리나라라는 것이 자랑스러웠다. 그러나 내 어깨를 든든하게 해주면서도 한편으론 살짝 부끄러워진다. 나는 우리나라에 대한 소중함을 너무 몰랐다. 모든 것을 당연하다고 여기며 살았다. 언젠가 올 거라는 간절한 독립을 바라며 기다리던 선열들의 의지와 신념, 정신력을 이제부터라도 본받아야겠다.

그리고 언제나 나는 '역사가 좋아. 나는 역사에 대해 관심도 많고 흥미도 있어.'라고 생각하면서도 제대로 책을 찾아 읽거나 유적지를 찾아본 적이 없었던 것도 부끄러웠다. 헛되이 보낸 세월에 대해 얼굴이 뜨거워진다.

이번 여행을 통해서 또 느낀 것이지만 우리나라의 소중한 역사가 드라마 한 장면보다도 관심 받지 못하고 사랑받지 못한다는 현실에 부끄러워 고개를 들지 못하겠다. 그런 의미에서 나부터 이제라도 내 주위에 관심을 조금씩 더 쏟아야겠다.

특히 깨달은 점은 우리말을 사랑하고 많이 쓰고 널리 퍼트려야겠다는 것이다. 늘 아무 생각 없이 외래어를 자주 쓰던 버릇을 반성하였다. 우리말은 참 매력적이다. 예를 들면 마일리지는 콩고물. 핸드폰은 손말틀. 현수막은 펼침막! '감사합니다' 말고 '고맙습니다'. 이런 우리말은 입에도 착착 붙고 참 매력적이다. 앞으로 우리말 공부도 조금씩 해 나갈 것이다.

한 줄기 빛이었던 이번 여행은 아무 것도 모르던 나를 한 뼘 더 성장시켜준 것 같다. 지금까지는 게으르고 별 생각 없이 살았지만, 앞으로 우리 역사를 좀 더 공부해서 나중에 그런 쪽으로 살았으면 좋겠다. 역사 선생님이 되어 학생들에게 역사를 가르칠 수 있으면 더 좋을 것이다. 나는 이번 여행을 다녀와서 책도 많이 읽고, 내 방도 잘 치우고 있다. 그날 계획을 세워 그날 달성하려고 노력한다. 여행 때문에 내가 다시 태어날 수 있는 발판이 된 것 같아 이번 여행이 나에겐 정말 소중한 기회였다.

    여행을 하며 나를 한 번 더 되돌아본다는 것은 아주 좋은 것 같다. 무엇보다도 좋은 사람들과 함께 할 수 있어서 너무 값지고 행복한 시간이었다. 평생 기억에 남을 좋은 추억이 되었다.

내 생애 최고의 여행

김순흥

자칭타칭 놀부. 광주대 교수. 민족문제연
구소 광주지부장.

'임시정부 사적지 답사'는 마음 설레는 여행이었다. 60년 가깝게 살아오면서 세상 천지 다녀본 곳도 많고, 구경도 많이 했지만, 2011년 1월에 떠난 10박 11일의 답사는 어느 여행보다 뜻깊고 기억에 남는 '내 생애 최고의 여행'이었다.

우리는 나라 잃고 남의 땅에서 이리저리 떠돌아다니면서 고생해온 그 분들 덕에 오늘을 산다. 그래서 2011년 1월 답사에서 그분들이 27년 동안 쫓겨 다니면서 지나갔던 발자취를 더듬으면서 눈시울도 많이 적셨고 다짐도 많이 했다. 10박 11일이면 짧지 않은 여행이지만, 27년 동안 정처 없는 떠돌이 생활에 비하면 눈 깜짝할 사이였다. 목숨을 걸고 배곯고 추위에 떨면서 기약도 없이 다니던 것과 달리 우리는 배부르게 먹고 비행기, 기차, 버스에 편히 앉아서 노래를 불렀다. 그래서 우리 '답사'를 그 옛날 노정에 비교한다는 것 자체가 말이 안 되는 것이고, 그래서 그때를 생각할수록 목이 메고 눈시울이 붉어졌다. 결국 홍구 공원 외국인묘지에 남아있는 독립투사들 묘지석 앞에서, 유해는 한국으로 옮기고 묘지에는 묘지석만 남았는데도 동경에서 온 조영숙 선생과 다른 여러 대원들과 함께 술을 따르고 절을 하다가 '엉엉엉' 통곡

하고 말았다.

 이 여행은 짧지도 않지만, 흔히 있는 관광 여행이 아니었다. 한 번도 같은 곳에서 잠을 자지 못하고 계속 옮겨 다니는 여행이었다. 중국 대륙을 동쪽에서 서쪽 끝까지 남북으로 바느질하듯이 가로 지르면서, 밤에 들어가서 자고 아침에 다시 짐을 싸서 떠났다. 쇼핑이나 휴식도 없이 독립투사들의 고행을 생각하고 역사를 공부하면서 다니는 무거운 여행, 강행군이었다. 자칫 잘못하면 지쳐서 탈이 날 수도 있는 여행이었다.

 그런데도 우리 일행은 인천공항부터 시작하여 가는 곳마다 펼침막을 들고 사진을 찍고, 틈나는 대로 독립군가를 들으면서 또 부르면서, 사적지에 가기 전에도 설명, 가서도 설명이 이어졌다. 이봉원 선생을 비롯하여 홍소연 선생, 도진순 교수는 하고 싶은 말도 많고, 말하기도 좋아하겠지만 (ㅎㅎㅎ) 이 '김구, 임시정부' 최고 권위자들이 시시때때로 돌아가면서 설명, 설명, 설명, 공부, 공부, 공부가 이어졌다. (으이그 ㅎㅎㅎ)

 평생을 바쳐(?) 임시정부사적지를 찾아내신 이봉원 선생이었고, 몇 년전부터 이 여행을 꿈꾸다가 어렵사리 만들어내신 여행이기에 감격이 넘쳐서, 가는 곳마다, 앉는 자리마다, 해주실 말씀도 많고 해주고 싶은 말씀도 많았을 것이다. 첫날 상하이공항에서 내려 버스로 옮기면서부터 해설이 시작되었다. 모두 열심히 듣고 있다. 그때는 아직 들뜬 마음이었을 텐데, 다음 날도, 또 그 다음 날도 이어졌다.

 처음 며칠 동안은 괜찮아요. (ㅋㅋㅋ) 열하루 마라톤을 처음부터 질주하려는가 싶었다. 무겁고 힘든 여행일수록 쉬엄쉬엄 가야 끝까지 갈 수 있는데 처음부터 너무 한다. 아무리 듣기 좋은 음악도 몇 번 들으면 싫증 나고, 좋은 경치도 계속 보면 흥을 잃고, 사적지를 답사한다고 진지하고 엄숙한 마음으로 왔지만 역사 공부만 하고 있으면 재미없고 지친다.

그래서 드디어 놀부인 내가 할 일을 찾았다 싶었다. (ㅎㅎㅎ) 사람들이 지치지 않고 끝까지 힘내서 즐겁게 여행을 마치도록 하자는 것이다. 가

청태제2여관을 입증해준 또다른 증거.
1933년 여관 개점을 축하한다며 기증한 거울.

이드가 자기 자리라고 앉지 말라고 하는 자리, 버스 맨 앞자리에 틀고 앉아 여행 내내 마이크 주인 노릇을 하였다. 오늘은 똥 이야기, 내일은 중국의 보지(保持) 이야기, 날마다 내 취미 생활인 남 약올리기를 하면서 사람들의 긴장을 풀어주고, 지루하지 않게 해주는 일이다. 언제나 너무 진지하기만 한 이봉원 선생 눈에는 '너무 한다. 애들 앞에서' 였을지도 모르지만, 마침내 나중에 이 선생도 '헛소리'의 중요성을 인정하였다.

오락부장 이윤옥 교수도 그 몫이 컸고, 음유시인 우왕기 선생도 잘 해주었고, 자칭 미인 소현세자와 울보 조영숙 선생의 몫도 컸다. 주당 안영봉 선생도 자꾸 미아가 되어 심심치 않게 해줬고, 여행 중에 새 삶을

시작하게 된 박해전 선생도 큰 힘이 되었다. 소녀시대도 잘 해줬고, 은근히 그러나 허벌나게 웃기는 한효석 선생도 모두 유쾌한 여행을 만들어주었다. 이분들이 주로 마이크를 잡았다. (ㅎㅎㅎ) 이봉원 선생, 홍소연 선생, 이규봉 교수, 도진순 교수처럼 점잖고 진지하기만 하면 애들이 하품하고 사흘도 못가서 발병(???) 난답니다. (ㅎㅎㅎ) 1차 답사는 이렇게 웃겨주는 사람들이 여럿 있어서 좋았는데 2차, 3차, 앞으로 계속 진행할 답사는 어찌 될지 걱정이 된답니다. 그렇다고 매번 따라 갈 수도 없고. 별 걱정 다하네. 누군가 있겠지. (ㅎㅎㅎ)

원래 중국인 친구인 베이징 공상대학 김추 교수한테 겨울에 중국 남쪽에 가면 춥다는 말을 들었다. 처음에는 이해가 가지 않아서 "남쪽인데 왜 추워?" 물었더니, "남쪽에는 난방을 잘 하지 않기 때문에 춥다."고 했다. 더구나 우리 일정 중에 들어있는 귀주쪽은 추울 뿐만 아니라 눈도 많이 오면 길이 막히기 때문에 갈 수 있을지 모른다고 했다. 더운 것은 벗으면 되지만 여행길에 추운 것은 어쩔 수가 없는지라, 겨울이지만 남쪽으로 가는 여행이니까 두꺼운 파카는 벗어놓고 가려던 생각을 접었다. 같이 가게 될 꼬맹이들에게도 추위를 대비해서 충분히 따뜻하게 준비하고 오라고 일렀다. 다정이 녀석, 얼마나 옷을 많이 챙겨 왔던지 우리 집에 많이 덜어놓고 왔는데도 날마다 다른 옷을 자랑하고 다녔다.

가는 날이 장날이라고, 중국도 몇 십 년만에 오는 추위라서 엄청나게 추웠다. 보통 겨울 온도가 섭씨 15도 정도 된다는 광저우도 영하로 내려가고 눈이 쌓였을 정도였다. 김추 교수 말을 듣지 않았더라면 모두 얼어 죽었을 것이다. 내가 미국에 유학하던 시절 한낮 온도가 영하 20도가 보통이고, 영하 40도까지 내려간 적도 있던 곳에서 몇 년을 산 덕에 추위 걱정은 별로 하지 않았는데도, 이번 여행은 장난이 아니었다. 추운 지방에서는 밖은 춥지만 집안에 들어가면 아늑한데, 불을 때지 않는 남쪽은, 밖이 얼어 죽을 정도는 아니지만, 집안에 들어가도 춥고, 식당에 가도 춥고, 어느 곳 하나 아늑한 곳이 없어 오히려 살기가 더 어려운 것 같다. 그러니 2차, 3차 답사에 따라갈 분들은 단단히 준비하세요.

마지막으로 여행 중에 있었던 몇몇 일화를 정리해보려고 한다.

이야기 하나. 여행 사흘째가 되던 날. "오늘은 똥 이야기나 합시다." 하며 내가 수수께끼를 냈다. '똥 무게 재는 법'을 아는 사람은 말해 보세요. 여러 답이 나왔다. 1-신문지에 싸고 나서 저울에 올려놓고 잰다. 2-저울 위에 비닐 봉지를 깔고 싼다. 3-요강에 싸고 나서 잰다. 그러나 아주 쉬운 것은? 싸기 전에 몸무게를 재고, 싸고 나서 다시 잰다. 그 차이가 똥 무게. 똥을 꼭 직접 재야만 하나? 오줌하고 같이 싸면 어떻게 구분해요? 따로 싼다.

똥무게 재는 것에서 다음 이야기로 넘어갔다. 아침에 화장실 못 간 사람 있지요? 여행 떠나서 한 번도 못간 사람도 있나요? 몇 사람이 손을 든다. 잠자리를 바꾸면 변비가 잘 생깁니다. 어렸을 때 보이스카우트에서 배운 것이다. 다니면서 계속 먹어대는데 화장실을 못가면 배가 더부룩하고 고생이 많지요? 처방을 알려드립니다. 장이 운동을 해야 하니까, 1-배를 자꾸 주무르세요. 내 손이 약손이니 잘 안 되는 사람은 주물러 줄게 오세요. 여자들은 대부분 내 손이 닿기도 전에 그냥 나아요. 아주 약발이 좋답니다. (ㅋㅋㅋ) 그게 안 되면, 2-똥이 밀려 나올 때까지 많이 먹어 보세요. 그래도 안 되면 3-커피를 블랙으로 진하게 마셔 보세요. 가장 쉽고 매우 효과적인 방법입니다. 도저히 안 되면 4-젓가락으로 파내세요(관장), (ㅎㅎㅎ) 이도 저도 안 되면 5-설사하는 약을 먹읍시다. 설사를 너무 많이 하면, 그때는 설사 그치는 약을 먹으면 됩니다. (ㅋㅋ).

즐겁게 여행하기 위해서는 무엇보다 몸이 편해야 되니까 화장실을 갈 수 있도록 하세요. 그런데 다음날 아침, 누구라고 이름은 밝히지 않지만 점잖은 여성 한 분이 옆으로 와 살짝 귀에 대고 '교수님, 효과 봤어요. (ㅋㅋㅋ) 한다. 놀부인 내 취미하고는 좀 다르지만, 오늘도 한 사람 살렸다. 말 안한 사람도 더 있겠지만. (ㅎㅎㅎ)

이야기 둘. 중국 친구 말처럼 중국 남쪽지방은 난방이 잘 안되어 추웠다. 그래도 호텔에서는 난방이 되었는데, 가장 추운 귀주에서 묵었던 별 셋짜리 호텔은 난방이 전혀 안 된단다. 사랑방으로 쓰이는 내 방에서 안영봉 선생과 고량주 한 병을 눕히고 자려는데 너무 춥다. 추운데 떨면서 그냥 자기는 그렇고, 어떻게 하면 따뜻하게 잘 수 있을까? 뜨거운 물병이나 불을 켠 전구를 이불 속에 넣고 자면 따뜻해지는데, 물병은 없고, 전기스탠드에서 갓을 벗겨내려는데 떼어낼 수가 없어서 안

되었다. 아참, 화장실에 머리말리기(hair dryer)가 있었지. 다리를 벌리고 무릎을 세워 이불속 공간을 넓힌 다음 스위치를 넣으니 금새 땀이 날 정도로 따뜻해진다. 이방 저방 전화해서 가르쳐줬더니, 아침에 만난 사람마다, 한밤중 세 시에 잠을 깨웠다고 욕하는 사람은 없고, 덕분에 따뜻하게 잘 잤다고 인사한다. 어떤 상황에서도 찾으면 방법이 있다. 어려운 여건에 길들지 말고 이겨낼 수 있는 방법을 찾아라. 들판에서 살아남는 방법을 가르쳤던 보이스카우트 훈련 덕이다.

아~ 내 방이 사랑방이었다. 원래는 호텔 한 방을 두 사람이 썼다. 이틀짼가 되는 날, 새벽 일찍 눈을 떠서, 옆 사람을 깨우지 않으려고 밖으로 나왔다. 노느니 염불한다고 여행 중에 부족한 운동이나 하려고, 호텔 로비를 이리저리 돌아다니고 밖으로 나가 돌아다녔다. 그랬더니 호텔직원이 내가 몽유병환자인 줄 알고 이상한 사람이 있다고 가이드에게 말했다고 한다. 소식을 전해들은 마음씨 좋은 이봉원 선생이 새벽에 나가 다니지 말고 나 혼자 쓰라고 특별히 배려해주어서 여행내내 독방을 썼다. 캄싸합니다. 독방 쓰는 방법? (ㅎㅎㅎ) 그 대신 내 방이 사랑방이 되어 밤늦게까지 노는 공간이 되었다. 어차피 안자는 시간에 여럿이 와서 놀아주니 나는 더 좋았다. (ㅎㅎㅎ)

이야기 셋. 중국 보지(保持) 이야기를 해보자. 한자 保持는 우리말로 '보지'로 읽어서 좀 민망하지만 중국에서는 '유지하라(keep)'는 뜻으로 쓰인다. 여기저기 눈에 띄는 게 많았다.

請 保持安靜 (청 보지안정 ; plese, keep quiet ; 조용히 하세요
: 공항 입국심사대에서)

請 保持淸潔 (청 보지청결 ; plese, keep clean ; 깨끗이 씁시다
: 화장실에서)

請 保持車距 (청 보지차거 ; plese, keep safty distance
; 안전 거리를 지킵시다 : 고속도로에서)

請 保持環境 (청 보지환경 ; plese, protect environment
; 환경을 보호합시다 : 공원에서)

請 遊客步止 (청 유객보지 ; plese, stop here ; 관람객 출입금지
- 발걸음중지 ; 절에서)

우리 일행도 처음에는 이 단어를 굉장히 민망해 하더니, 여행이 끝날 즈음에는 '여기에도 있어요, 저기에도 있어요.'하며 내게 일러주었다. 결국 나중에는 같이 간 꼬맹이들(대학생, 고등학생, 중학생)들이 건배사를 하며 '임사연(임시정부사적지연구회)을 保持하자!!!'라고 외쳤다. 하나를 가르치니 몇을 아는, 앞으로 미래가 밝은, 나라를 이끌어갈 資質(자질)을 保持(보지)하고 있는 우리 꼬맹이들. 만세!!! 만만세이다.

이야기 넷. 이 여행 이후 2011년 7월 신흥무관학교 100주년 기념 역사 기행도 다녀왔다. 지금도 "2011년에 했던 두 여행이 내 인생에서 가장 좋았던 여행이었다."고 말하고 다닌다. 신흥무관학교 여행 중 7월 22일 오후, '천지물로 끓인 신라면'을 점심으로 먹고, 백두산 천지

에서 보트를 타면서 '통일 뱃노래'를 부르고 이를 동영상에 담아 유투브에 올려놓았다. '인류 최초 백두산 천지 통일 뱃노래 동영상'일 것이다. (ㅎㅎㅎ)

저 건너 북한이 보이는 천지 위에서, 중국쪽에서 노를 저어가면서 '이 배는 통일 위해 내 나라 가는 배'를 부르다가 갑자기 목이 메어 겨우 마쳤지만 내 생애 최고 순간이었다. 우리가 보트를 타고 있는 것을 중국인 대학생이 우연히 사진을 찍어 백두산 천지에 괴물이 나왔다고 신화사 통신에 제보하였다. 이것을 연합뉴스에서 받아서 보도하고, 이를 다시 여러 신문에서 보도했다. 내가 '백두산 천지 괴물의 정체를 밝힌다.'며 그 당시 사진과 상황 설명을 보태 보도자료를 연합뉴스와 뉴시스에 보냈더니, 다시 여러 신문에서 '백두산 천지의 괴물은 관광객의 보트였다.'는 기사를 냈다. '인류 최초의 백두산 천지 통일 뱃노래 동영상'과 '백두산 천지 괴물'. 이거 아무나, 하고 싶다고 아무 때나 할 수 있는 일이 아닐 것이다. '내 생애 최고의 여행' 아닌가? (ㅎㅎㅎ) 지금도 인터넷에서 '백두산 천지 괴물'을 검색해보고, 유투브에서 '백두산 천지 뱃노래'를 검색하면 볼 수 있다. 끝으로 같이 하신 분 가운데 이 글을 읽을 수 없는 분이 계셔 안타깝다. 박동우 선생님 명복을 빈다.

네째날

전장(진강)
난징(남경)

남경　전장
　　　　　　상하이
　　　가흥
　　　　해염
　　항저우

鎭江南京

전장은 난징 바로 오른쪽에 있는 도시이다. 양쯔강과 대운하가 교차하며, 교통요지이고 군사적으로도 중요한 곳이다. 난징(南京 남경)은 창강(長江) 남안에 자리잡은 쟝쑤성(江蘇省 강소성) 성도이다. 삼국시대 오나라가 처음으로 도읍으로 정해, 모두 열 개 왕조 또는 정부가 이곳을 도읍지로 삼았다. 청나라 말기 태평천국 운동을 일으킨 봉기군도 이곳을 수도로 정했고, 신해혁명이 있은 이듬해인 1912년엔 쑨원(손문)도 이곳을 중화민국 임시정부 수도로 정했다. 중일전쟁 때는 국민당 정부가 일본군에 점령될 때까지 이곳에 있었다.

지관 유아원

우리는 전장 기차역 앞 전장 호텔에서 숙박을 하고 아침에 일어났다. 호텔에서 그리 멀지 않은 시가지 골목길로 들어가 버스를 세웠다. 일요일 아침 이른 시각이라 많은 상점들이 문을 닫고 행인들이 많지 않았다. 그래도 우리 일행이 태극기를 앞세우고 골목을 왔다 갔다 하니까 중국 사람들이 호기심 있게 지켜보았다.

어느 골목 초입에서 수륙사 58호(水陸寺 58號)인 지관유아원(机關幼兒園 궤관유아원)을 찾았다. 유아원 직원을 찾아 용건을 이야기하고 노란색 철제 입구를 들어서자 3층 건물이 있고 담장 벽을 알록달록 예쁘게 칠해 한눈에도 유아원임을 알 수 있었다. 이곳에 들른 이유를 이봉원 님이 설명하였다.

항저우에 있던 임시정부가 중국 국민당정부가 있는 난징과 가까운 이곳으로 이전한 때는 1935년 11월이었습니다. 그러나 그때 이삿짐을 처음 푼 장소가 어디인지 공식적으로 확인된 바 없습니다. 그러나 향토사를 연구하는 현지 학자들과 임시정부가 항저우에서 이 도시로 이사할 때 경호하려고 따라온 국민당 군관 한 분이 임시정부 요인과 그 가족들이 썼던 건물이 여기에 있었다고 증언하였습니다.

임시정부는 그때부터 2년 동안 이 도시에 체류했는데 그 동안 세 번 이상 장소를 옮겼다고 합니다. 그러나 임시정부 청사로 썼던 건물 주소가 어떻게 되는지, 또 어떤 건물이었는지 전혀 알 길이 없어요.

중일 전쟁 때 국민당 정부가 있는 난징보다 여기가 먼저 파괴되었다고 합니다. 일본군이 난징 침공에 앞서 이곳이 중요한 곳이어서 일본 첩자가 많았고, 임시정부 요인도 이곳저곳을 전전해야 했지요. 국민당 정부에 협조를 구하려고 난징을 드나들던 지사들에게 이곳은 주소지로서 역할을 다했을 것으로 보입니다.

표지석이라도 세웠으면 좋겠는데, 우리 정부 특히 독립기념관에서는 아직 인정하지 않습니다. 확실한 주소와 사료가 있어야 하는데 그게 없어 임시정부 청사터로 인정을 못 받고 있습니다.

우리 일행은 펼침막을 들고 사진을 찍었다. 속에서는 알 수 없는 답답함을 느꼈다. 유치원 정문을 나서며 직원에게 준비해 온 기념품으로 성의를 표시하였다. (우왕기 정리)

난징대학살기념관

난징대학살기념관(南京大虐殺遭難同胞紀念館 남경대학살조난동포기념관)은 넓게 잘 정비되었다. 분위기도 엄숙하고 장중하였다. 얼마 전까지만 하여도 핵심 건물을 중심으로 그리 크지 않았으나 현재 중국 위상에 맞추어 크고 웅장하게 조성되어 있었다.

1937년 12월 13일부터 1938년 1월까지 일본인들이 난징에서 저지른 엄청난 양민학살을 난징 대학살이라 한다. 1937년 여름 일본은 노구교(盧溝橋 노구교) 사건을 조작하여 중일전쟁을 일으켰다. 그리고 텐진(天津), 베이징(北京) 등을 거쳐 11월 상하이(上海)를 점령했다. 그리고 다음 목표는 장제스(裝介石) 국민당 정부가 수도로 삼고 있던 난징(南京)이었다.

난징대학살기념관 내부

일본군 9만 명이 양쯔(陽子 양자)강 남쪽인 이 도시를 3면으로 포위해 들어가자 장제스는 함락 5일전 정부를 이끌고 충칭(重慶 중경)으로 퇴각했다. 난징에는 약 70만 중국 시민과 군인들이 남았는데, 12월 13일 새벽 성벽을 타고 넘어온 일본군들에게 함락되었다.

난징을 점령한 일본 군인은 초기 6주간 세계 역사에 그 유례를 찾아볼 수 없는 잔학한 만행을 벌였다. 수많은 젊은 남성들이 가축처럼 묶여 도시 외곽으로 끌려가 기관총 세례를 받았고, 총검 훈련 대상이 되었으며, 휘발유를 뒤집어씌워 산 채로 태워졌다. 몇 달 동안 이 도시 거리는 시체로 산을 이루었고 썩어 가는 살 냄새로 악취를 풍겼다.

몇 년 후 극동군사재판소 전문가들은 1937년부터 1938년 초까지 난징에서 민간인 26만 명 이상을 일본 군인들이 살해했다고 밝혔고, 또 다른 조사에서는 당시 사망자가 35만 명을 넘어선다고도 했다.

어떤 역사학자는 그 당시 난징 사망자들이 손을 잡는다면 난징에서 항저우까지, 약 322킬로미터가 이어질 것이라고 표현했다. 또 사망자들이 흘린 피는 1,200톤에 이르고, 그 시체는 2,500량짜리 기차를 가득 채울 것이며 시체를 포개 놓는다면 74층 빌딩 높이에 달할 것이라고도 했다.

하지만 아직까지 난징대학살은 별로 알려져 있지 않다. 일본은 전쟁한 가운데서 야만과 잔혹성의 극치를 보였으나, 전후 그런 사실을 철저히 숨겼다. 심지어 많은 일본 정치가들과 학자들, 산업 각 분야 지도자들은 명백한 증거가 드러나도 난징에서 대학살이 벌어졌다는 사실 자체를 부인한다. 도쿄 도지사인 이시하라(右原愼太郞)가 "일본이 난징에서 대학살을 저질렀다는 이야기는 중국인들이 꾸며낸 거짓말"이라고 주장한다. 일부 일본 우익단체들이 "난징 대학살은 20세기 최대 거짓말"이라며 사실 자체를 아예 부인하였다.

일본 교사들도 지난 수 십 년간 역사 시간에 난징대학살에 대한 언급을 교과서에서 다루지 않았다. 이런 역사 왜곡은 난징에서 참혹하게 죽음을 당한 사람들에 대한 모독이며, 대학살을 잊는 것은 두 번째 살인을 저지르는 것이나 마찬가지이다. (우왕기 정리)

회청교

김구가 일제 암살단 추적을 피하려고 뱃사공 주애보를 불러와 부부로 위장하여 고물상 행세를 하며 거주했던 동네에 회청교(淮淸橋)가 있었다.

지금은 유동 인구가 많아 두 쌍이 된 회청교 주변에는 아파트와 현대식 건물들이 들어서 그 옛날 그 흔적을 전혀 찾아볼 수 없었다. 그리고 회청교 주변 개울가 도로에는 각종 새를 사고팔기도 하고, 잡화용품이며 고양이, 토끼 같은 짐승을 파는 노점상들이 길게 진을 치고 있었다.

그 옛날 김구가 주애보와 함께 거닐었을 회청교에서 우리 일행들이 쭉 늘어서서 개울을 내려다보자 개울가에 있는 중국인들이 무슨 일인가 싶어 같이 그 개울을 내려다보았다. (한선희 정리)

회청교에서 바라본 천변 모습. 옛 모습은 없고 개울 왼쪽에 많은 사람들이 노점을 벌였다.

마도가와 동관두

회청교가 있던 강변을 따라 한참을 내려가다가 다시 다른 다리를 건너고 시장통을 지나 오래 전 중국 서민들 사는 모습이 남아있는 한 골목길에 들어섰다. 큰길을 면한 곳에서 일행 중 한 사람이 전신주 위를 가르쳤다. 그곳을 쳐다보니 사람 키보다 약간 높은 위치에 노란색 바탕에 검은 글씨로 마도가(馬道街) 글씨가 선명하다.

마도가는 김구 어머니 곽낙원 여사가 살던 동네였고, 다른 독립운동가 가족들이 살던 동네였다. 노모가 살았다는 동네 명칭만 확인될 뿐 어느 집, 누구네 집, 몇 번지 따위는 알려진 것이 없었다. 그래서 구체적으로 어느 집이라고 할 수 없었다. 그래도 골목 안쪽은 옛집 흔적이

아주 누추한 곳이라서 옛 모습이 남았다.

많이 남아 있어 이 동네 어디에서 살았을 것이라 추측할 수밖에 없었다.

마도가 골목을 나와 회청교 방향으로 오다가 직진하여 동관두 표시가 선명한 연립주택지 곁을 지났다. 한참을 걷다보니 난징성 중화문 앞에 당도하였다. 한국 청년들이 거주하였던 동관두 32호(東關頭 32號)를 찾기 위한 길이었다.

동관두 32호는 김구가 이끌던 한국국민당 청년들이 모여 살았는데, 고국을 떠나 외로움에 젖어 있는 청년들에게 마도가에 사는 김구 어머니 곽낙원은 고향 할머니 같은 존재였다. 김원봉이 이끌던 의열단과 이청천이 이끌던 조선혁명당 청년들은 교부영 16호에 모여 함께 살았다고 한다. 지금 그 자리는 아파트가 들어섰다.

우리 일행은 지도를 보며 이리저리 둘러보고 이봉원님은 12년 전에 찾아왔을 때 기억을 더듬었다. 이봉원님이 1999년에 왔을 때 연립주택 단지 32호 건물 앞에 표지가 크게 쓰여 있었고, 항일 투쟁 당시 건물 일

동관두 32호 표지판. 1999년 찍은 사진으로 2011년에 집조차 찾을 수 없었다.

부가 남았었다고 했는데, 지금은 그 흔적을 확인할 수 없었다. 동관두 입구에서 중화문까지 왔다 갔다 하며 그 주소지를 찾았으나 결국 못 찾았다. 난징은 한민족 독립운동사에서 매우 중요한 지역인데 관련 유적들이 거의 사라지고 있었다.

이 난징이 폭격 당하자 애국지사와 가족들은 기후가 온화하고 물가가 싸며, 비교적 안전하다고 생각되는 창사로 떠났다. 언제 도착할지 기약도 없이 뱃길을 이용하여 우한을 거쳐 이동했다. 물론 우리는 너무나 편하게 비행기를 이용하여 창사에 갔다. (한선희 정리)

부자묘

다음 목적지인 창사로 이동할 때 우리 일행은 비행기로 가므로, 시간 여유가 있어 동관두 가까이에 있는 '부자묘(夫子墓)', 즉 공자 사당에 들렀다. 부자묘는 1034년 난징 남쪽에 세운 공자 사당이다. 묘와 주변 건축물들은 중일 전쟁으로 1940년에 일본군이 파괴하였으나, 1984년부터 5년여에 걸쳐 재건되었다. 송나라 때에는 국립학교가 있었으나, 그 후 세월이 지나면서 상업과 문화 중심지로 변하였다.

매년 정월 초하루에서 보름동안은 금릉 연등회가 열린다고 한다. 공자를 공양하는 곳이라서 모의 과거 시험을 개최하여 그때 모습을 재현하고 관광객들도 참가시키는 등 색다른 재미를 주고 있다.

부자묘 일대에 있는 건물은 대부분 고대 강남 민가 건축물로서, 그 특

공자 사당 앞 모습

징인 푸른 벽돌 기와, 회랑, 격자 무늬 창 등을 볼 수 있고, 명대 청대의 품격 있는 모습을 느낄 수 있다. 밤이 되면 묘 바로 옆에 있는 문덕교(文德桥)에서 보는 야경은 진회하(秦淮河)에 그 그림자를 비추어 환상적인 운치를 자아낸다고 한다. (한선희 정리)

결국 '평화'거든요

김찬수

경기도 동원고 교사. 어떻게 하면 학생들에게 바른 역사관을 심어줄 수 있을까 고민하는 교육경력 19년차 역사 교사.

개인끼리도, 단체 사이에도, 정치 세력 간에도, 그리고 국가들끼리도 다툼과 갈등은 있게 마련입니다. 심지어는 내 자신과도 끊임없이 갈등이 일어나는 경우가 많잖아요. 그런데 그것을 푸는 게 사실은 잘 안되지요. 갈등과 다툼보다는 화해와 평화가 더 좋은데 말이지요.

이번 여행에서 이것을 또 한 번 확인했어요. 특히 국가 간 갈등이 가장 심했던 지난 20세기 실상(1, 2차 세계대전, 냉전 등)을 확인하면서, 학교에서 역사를 가르치는 내 자리를 생각하면서, 다시 한 번 '평화'만이 인류의 나갈 길이라는 것을 확인했답니다.

남경학살기념관내에 평화의 탑이 있다.

난징에서 본 난징대학살의 진실은 상상 그 이상으로 정말 끔찍합니다. 너무나 몸서리 처져서 '진짜 그랬을까?'하고 의심할 정도였습니다. 그런데요. 지난 20세기, 정확히는 일본이 동아시아 여러 나라를 침략하기 시작한 19세기 후반부터 1945년 원폭을 당하고 항복할 때까지인데요. 일본이 저지른 범죄 행위는 이보다 더 말로 표현하기 힘들 정도입니다. 국가가 앞장서서 국민 이성을 마비시켜 놓고 반인륜적인 행위들을 저질렀습니다. 용서받을 수 없는 범죄였으며 브레이크 없이 달리는 탱크였습니다.

그 당시 '일본'은 천황이라는 우두머리와 군국주의자들을 중심으로 주변 국가(민족)를 침략하는 방식으로 국가 발전을 추구했지요. 그래서 일본과 제일 가까웠던 우리나라가 가장 큰 피해를 입습니다. 그리고 가장 오랫동안, 가장 철저하게 핍박과 고통을 당했지요.

중국도 우리와 똑같이 당했습니다. 일본 침략은 우리나라에서 그치지 않고 만주를 거쳐 중국 본토까지 미칩니다. 어쩌면 규모가 더 큰 나라이기에 더 많이 당했을 겁니다. 그러나 중국은 덩치가 커서 완전히 망하기 전, 일본이 연합국에 항복하는 바람에 국가 틀은 유지합니다.

가해자 일본도 남에게 피해를 주면서 마냥 행복하지는 않았습니다. 일본 국민은 원하던 원하지 않던, 국가라는 폭력 단체 구성원이 되었습니다. 그래서 엄청나게 많은 전쟁 비용을 세금으로 내야했고, 많은 사람이 전쟁으로 죽었습니다. 전쟁이 막바지로 치달은 1945년 3월 10일, 미군이 동경을 공습하여 하루에 10만 명이 죽습니다. 그리고 항복하기 며칠 전에는 히로시마와 나가사키에 원자폭탄이 떨어져 수십 만 명이 죽었습니다.

결국 동아시아에서 벌어진 제2차 세계대전은 한중일 3국 모두에게 엄청난 피해와 고통을 주었습니다. 침략 당한 국가야 두 말할 필요도 없지만, 침략한 국가도 결국 패전으로 엄청난 고통을 겪었습니다.

그러니까 답이 나왔네요. 오늘날 21세기에는 싸워서는 안 됩니다. 싸움은 모든 사람을 고통스럽게 합니다. 전쟁은 무조건 안 됩니다. 그러니까 오늘날 우리가 생각해야할 것은 과거 역사 속 고통을 기억하고 전쟁이나 침략이 일어나지 않도록 노력해야 합니다. 우리가 힘이 세다고 주변국을 침략해서는 안 됩니다.

그리고 중요한 것이 하나 있는데요. 우리나라는 항상 침략만 당했으니까, 피해자였으니까 뭔가 일본과 중국에게 빚이 없다고, 역사에서 자유롭다고 생각할 수 있어요. 그런데 아닙니다. 우리나라도 과거에 주변국을 침략했으며, 다른 나라 사람을 괴롭혔습니다.

고려말 조선초에 대마도를 정벌한 것은 엄밀하게 말하면 침략입니다. 1931년 7월에는 만주 만보산에서 농업 용수를 두고 다투다가 소문만 믿고 우리나라에 살던 중국인을 100여 명 넘게 죽였지요. 최근에는 베트남 전쟁에 개입해서 한국 군인들이 베트남 양민을 수십 명에서 수백 명까지 40여 회에 걸쳐 죽였습니다. 사실입니다. 그러니 앞으로 만약 '평화'에 대한 소신이 없으면 언제든지 우리도 가해자가 될 수 있습니다. 항상 잊지 말아야합니다.

'울고불고'한 임시정부 사적지 순례

조영숙

1958년생. 민족문제연구소 도쿄지회장, 한국인으로 재일동포 2세와 결혼, 한국과 일본과 재일동포를 잇는 역사 문화 운동과 사랑방으로서 "문화 공간(전통 찻집)"을 여럿이 힘을 모아 꾸려가고 싶다.

임정사적지 답사를 다녀온 감상을 적자면, 선열들 발자취를 따라다닌 답사길에서 유난히 '울고불고'한 그 사연을 적지 않을 수 없다. 2년 전 이봉원 님이 함께 가자고 권유했을 때, 선열들의 고난에 찬 발자취 모든 일정을 돌아보는 여행을 내 평생에 두 번 다시 하기는 어려울 것 같았다. 개인적으로는 상하이에서 독립운동을 했다는 아버지 냄새라도 느껴보고 싶어 가고자 했다. 이봉원 님이 2년 동안 정말 어렵게 준비하였고, 그 와중에서도 일본에 있는 나를 잊지 않고 데리고 가겠다고 했는데, 12월 마지막까지 개인비자와 단체비자 소동을 피우며, 아슬아슬하게 상하이행 막차를 탔다.

첫날 상하이에 도착하는 순간부터 남모르게 상하이를 살피고 둘러보았다. 잘 알려진 상하이 임시정부청사야 말할 것도 없지만, 상하이 길거리, 가로수, 작은 골목길, 100여 년이 지났지만 그 공기까지도 옛 선열들이 함께한 것이란 생각에서 심호흡으로 가슴에 담았다. 그건 얼굴도 모르는 아버지 생각이 작용한 것임에 더욱 그러하다.

이튿날, 송경령에서 이국땅에 누우신 애국지사들 (빈)묘를 보니, 가눌 수 없는 눈물이 흘러내리고 말았다. 독립운동가들의 먼지 쌓인 빈 묘, 고난에 찬 희생 자리, 그 희생으로 인해 받았던 박해와 피해, 숨겨진 모든 선열들 그늘, 그런 것들이 한꺼번에 뜨거운 눈물덩어리가 되어 가눌 수가 없었다. 답사단 모두 함께 선열들에 대한 추모의 정으로 절을 올리고 발길을 돌렸다.

10박 11일이라는 긴 여행을 우리 일행은 재미있게 지내기 위해 각자 가지고 있는 재능으로 서로에게 웃음을 선사하곤 했다. 딱히 그럴 재능도 없는 나에게 '재일동포' 얘길 좀 들려달라는 요청은 '마침, 기다리던 참에!'였다. 한국에서 온 젊은이들 고민을 들으며, 한국, 일본, 재일동포의 미래 세대들과 함께 길을 만들 생각으로 살아온 나에게 그 요청은 '마침, 기다리던 참에!'였던 것이다. 다음 이야기는 내가 알고 있는 내 가족 얘기를 두서없이 늘어놓은 것이다.

재일동포! 그들은 부평초인가?
저는 1985년 재일동포 2세와 결혼하면서 일본으로 갔습니다. '아버지'란 이름도 못 불러 보고 한국 사회에서 어렵게 살다가 일본으로 갔습니다. 그리고 부평초 같은 재일동포에게 기대어 풀같이 억척스레 살아가기 시작했습니다. 재일동포! 그들은 부평초는 아니지만 1세, 2세, 3세를 살아가는 동안 그들은 부평초가 되어가고 있었습니다.
저는 시아버지, 시어머니 얼굴을 뵌 적이 없습니다. 그러나 틈틈이 시누이에게 많이 전해 들었습니다. 시아버지 고향은 경남 의령으로, 일본으로 가게 된 시기는 1920년대 후반인 것 같습니다. 시누이 말에 따르면 일자리를 찾아온 처음엔 어느 탄광에서도 일했다고 하는데, 나중엔 교토에 정착하여 도로, 산림노동자였다고 합니다. 시아버지는 특히 손재주가 뛰어난 분이라, 틈틈이 그때 교토에 모여 살던 동포들 마을에 불려 다니며 결혼식 등에 사용하는 '마른 낙지'의 거북, 학을 만들어 주었고, 시어머니도 생활력이 강하신 분이라 막걸리를 몰래 만들어 팔면서 생계를 도왔다고 합니다. 시숙님들도 교토에서 기모노 장인, 막노동을 하면서 그들의 삶을 엮어 나왔습니다.

  재일 동포 1세의 삶은 제가 직접 못 느꼈으나 남편과 딸을 통해 2세와 3세의 삶은 압니다. 2세들은 일본 사회로부터 받는 억압과 차별의 아픔을 삭이면서 '밥벌이'를 하자니 그 삶이 고달프기만 합니다.

  일제 시대 피해자에는 여러 형태 피해자가 있습니다만, 저는 자신의 정체성을 잃어버린 사람들이 가장 불쌍한 것 같습니다. 그들이 그럴 수밖에 없었던 환경, 그건 일본 사회의 차별, 억압 정책이요, 조국의 기민 정책이었습니다. 그 위에 조국의 분단 상황으로 그들은 더 작게 갈라져 살아갑니다. 자신들이 누구인지 정체성을 확보할 여유도 못가진 채, 일본 사회에서 자신들 삶에 부대끼며 살아가는 동포 핏줄들을 보니 제 가슴이 미어집니다.

  일본에게 자신들의 피해를 주장하며 싸우는 사람들은 어떤 의미에서는 이미 피해자 늪에서 **빠져나왔다**고 말할 수 있습니다. 가장 불쌍

한 피해자는 자신이 피해자인 줄도 모르고, 동포를 버린 고국과 차별을 하는 일본 사이에 끼여, 그저 그렇게 작게 숨죽이고 살아가는 동포들입니다.

그런 그들은 제대로 된 역사 교육을 받지 못했습니다. 일본학교에서 '닌니꾸 쿠사이(마늘냄새 나는 조선인)'라는 차별 때문에 도중에 학교를 그만둬야 했고, 가난과 여러 가지 생활 환경은 재일동포들의 서러운 역사를 만들어 갔습니다. 제 시누이도 그랬고 제 남편도 그랬고 제 주위 많은 동포들이 그랬습니다.

부모세대들 역사가 굽이굽이 고생이 박혀서 아무리 한스러워도, 자식들에겐 당당히 미소 짓는 좋은 세상을 건네주고 싶은 게 하늘에 머리 두고 땅에 발 디딘 인간의 마음입니다. 저 역시 제 딸에게 야무진 꿈과 함께 그 앞길을 열어주고 싶었습니다. 그런데 동포 3세인 제 딸 얘기를 하자면 더 서럽고 한스러워 눈물부터 납니다. 재일 동포 3세는 1세, 2세와는 달리 비교적 민족적인 차별에서 자유롭게 자랍니다. 그러나 일본사회에 뿌리깊게 남은 차별이 있었습니다. 딸아이가 친구들과 재미있게 놀고 공부하겠다고 분홍빛 꿈을 가득안고 초등학교에 입학한 그 해, '조센징 가에레(조선인, 너희 나라로 돌아가)'라는 말을 주위 친구에게 들었습니다.

딸의 어린 가슴에 이 말은 비수였습니다. 그 비수를 던지는 일본인 아이들은 무얼 알고 그러겠습니까? 그 부모에게 듣고 그러는 것, 바로 일본 사회에 뿌리깊게 남은 조선인 차별이 제 딸 어린 가슴을 할퀴어 댄

기강박물관에는 대한민국 임시정부가 기강에서 활동했던 것을 특별히 전시해놓았다.

것입니다. 한국인이라고 놀리는 말(한국인이라서 특별히 피부가 까맣냐?)도 계속해서 들었습니다. 그러나 그런 상처 속에서도 사이좋은 일본인 친구들과 함께 딸은 무럭무럭 자라나갔습니다.

그 딸의 꿈은 연기자가 되는 것이었습니다. 그런 딸이 고등학교 2학년 때 외할머니에게 편지를 한 통 받았습니다. 딸은 한글로 된 외할머니 편지 내용을 읽을 수 없자 자신을 돌이켜 봤고, 적어도 한글은 알아야겠다고 생각하였습니다. 그래서 고등학교를 졸업한 후 연세대 어학당에 유학했습니다. 어학당 졸업 후 다시 일본으로 돌아오겠다는 것을 저는 말렸습니다.

지금 한국 연기도 꽤 좋잖아? 세계적으로 알아주잖아? 한국에 간 김에 한국에서 연기 공부를 하는 건 어떠냐?

딸은 일본이나 미국으로 가고 싶어 했지만, 일단 엄마인 제 말을 듣고 중앙대 연극영화과에 입학했습니다. 주위에서 모두 축하해주었습니다. 그러나 문제는 그 학교에 있었습니다. 한국인 친구들은 연기 수업에 딸을 넣어주지 않았습니다. 한국 친구들이 연기하는 걸 멀거니 구경만 하고 있어야 했다 합니다. 자신의 발음이 한국 원어랑 달라서 그런 것인가 하여 딸은 연극에 참여하려고 한국 원어에 가까운 억양을 내기 위해 무지하게 노력했습니다. 그래도 딸에게 연기할 기회는 오지 않았습니다.

단지 조명등을 만지는 몫이거나 일본 대학과 교류할 때 통역으로 활용할 뿐이라 했습니다. 너무나 하고 싶은 연기를 못해 딸은 상처를 받고 앓기 시작했습니다. 중앙대 연극영화과엔 여러 외국인 아이들이 입학했는데 결국 모두 제 나라로 돌아갔고 딸아이가 가장 마지막까지 견디다가 돌아왔습니다. 어릴 때 가슴에 비수같이 꽂힌, 조센징이 돌아갈 자리는 '조국'이 아니어서 딸은 다시 일본으로 돌아왔습니다.

한국 유학 1년간 좋아하는 연기를 제대로 못하고 일본에 돌아온 후에 딸은 방황했습니다. 딸이 집에 돌아오지 않을 때는 저도 잠을 이루지 못하며 밤을 새웠습니다. 딸과 실랑이를 벌인 적도 많습니다. '난, 엄마가 시키는 대로 해봤어. 그러나 좋은 건 하나도 없었어!'라고 말하며 집을 나설 땐 한국에 유학 보낸 제 자신을 질책하고 후회했습니다. 내가 그토록 사랑하는 내 조국 한국 사회를 원망했고 미워했습니다.

한국은 오래전부터 동포들을 버려오지 않았던가? 그걸 알면서도 왜 그랬을까? 한국 사회는 지금도 수단 방법을 안 가리고 자기 잇속을 차리는 '정글'이 아닌가? 그런 정글에 '가교'가 되어 보라며 순진무구한 애를 보내다니……. 제 자신을 질책했습니다.

선열님들은 자신들 목숨과 가족을 희생하며 독립 운동을 하셨습니다. 그건 더 큰 자신인 '민족'을 지극히 사랑했기 때문입니다. 우리 사회가 선열들의 이 정신을 '흉내'만이라도 내는 사회였더라면 제가 딸을 조국에 보내놓고 이렇게 한스런 눈물을 뿌리지 않아도 좋았을 것입니다.

임시정부 사적지를 답사할 때 선열들 앞에 제가 뿌린 눈물이 지금도 겹겹이, 속속들이 아픕니다. 하지만 이렇게 바보스럽게 끝낼 수 없습니다. 함께 답사한 젊은 한국 친구들의 눈망울과 목소리를 재일. 일본 젊은이들과 이어주고 싶습니다. 그러면 뭔가 꼭 열릴 것 같습니다. 꼭 열고 싶습니다. 꼭 열어야만 합니다.

나는 이번에 임시정부 답사를 떠나면서 거의 한 달 가까이 집을 비웠다. 딸이 한국 유학을 실패하고 돌아온 2006년 12월 이후 우리 두 모녀는 제대로 소통되지 못했고 서로를 이해하지 못했다. 경제 사정으로 현실적으로 실현되지 못했지만, 한때는 서로 떨어져 살았으면 하는 방안도 제기된 터라 이번에 두 모녀가 제법 긴 시간을 떨어져 있게 되어 그런 흉내라도 낼 수 있는 기회이기도 했다. 그래서 중국 여행을 오기 전에 우리 두 모녀는 마치 긴 이별에 들어가기라도 하는듯이 이런저런 얘기를 나누었다.

  그랬더니 딸아이도 한국에 한번 놀러 가고 싶다고 한다. 남대문 시장, 신촌, 학교 다니면서 지나던 길거리들, 이모집, 조카들…… 한국 유학 그 시절이 아주 재미있었다는 듯이 딸아이는 한국의 여러 가지 추억들을 쫑알쫑알 잘도 얘기했고 놀러가고 싶다고 했다. 휴…… 나는 안도의 한숨을 쉰다. 딸아이에게 유학의 아픔, 상처들은 이제 과거 추억이었고, 웃음거리였다. 지금 딸아이는 다시 자신의 꿈을 꾸고 있다. 나는 여행을 떠나오기 전 재일교포 2세 동경대 교수 강상중씨가 쓴 '어머니'라는 책을 하나 사서 읽어보라고 전해주고 왔다. 그 책을 딸이 꼼꼼하게 읽었으면 좋겠다.

흥겨운 독립군가가 귀에 선하다

한선희

대학 사회복지학과 강사. 민족문제연구소 경기 남부지부장, 수원 탁틴 내일여성센터 부회장. 야학 교사. 배워서 남 주는 것을 좋아한다.

 1993년 어느 날, 우연히 텔레비전에서 어느 한 분이 민족을 위해 목숨을 바친 독립 운동가들의 후손은 집안이 망해 3대가 불행하게 살고, 친일 행위를 한 후손은 많이 배우고 재산을 넉넉히 물려받아 대대손손 잘 살고 있다고 울분을 토하였다. 나는 그 말에 공감하여 민족문제연구소에 가입하였다. 그때는 후손들에게 자그마한 힘이 되어줄 수 있다면 좋겠다는 마음이었다.

 역사 의식도 민족 의식도 없고 착실하게 학교에서 가르치는 대로 열심히 공부했던 나는 새로운 사실에 충격을 받으면서도 현재의 안이로움이 좋아 변화하기가 싫었고 나름대로 열심히 사는 것이 최선이라고 생각하였다.
 사회에 공헌한다는 일념으로 많은 봉사와 끊임없는 자기 계발을 위하여 많은 공부를 하였지만 마음 한 켠에 채워지지 않는 그 무엇인가가 이번 답사여행에 참가하는 계기가 되었다.
 5년 전 처음 중국에 갔을 때만 해도 중국은 남루한 거지와, 한 푼이라도 더 받으려는 상인들의 억척스러움으로 가득하였다. 그러나 지금 중국은 거대한 용이 기지개를 켜는 형국으로 곳곳에 높은 빌딩이 들어서고 빠르게 변하고 있었다. 조만간 세계의 중심에서 지도자 노릇을 하기에 충분한 것 같았다.

임시정부 27년 행적을 11일이라는 짧은 여정으로 소화하기 위해 강행군을 한 탓에 곳곳이 세세하게 기억나지 않는다. 그래도 한편으로 잘났다고 자부했던 내가 중국에서 여행 내내 벙어리가 될 수밖에 없었던 사연들을 간단히 소개해 보겠다.

1. 중국의 급속한 발전에 놀랐다.
2. 우리 일행들이 각 분야에서 잘난 사람들이라서 입을 열면 무식이 탄로날것 같았다.
3. 가게에서 물건을 흥정할 때 말이 전혀 통하지 않았다.
4. 급하면 말보다는 행동하는 것이 낫다.
5. 나서지 않고 뒤에서 다른 사람을 배려하는 것이 더 즐겁다는 것을 알았다.
6. 딸보다 어린 학생들에게 언니라는 소리를 들어서 여행 내내 즐거웠다.
7. 곳곳에 한복 입은 미녀들 사진을 걸어놓고 성형외과에서 광고하는 것을 보고 한류 열풍에 입이 떡 벌어졌다.
8. 외국인들이 화장실에 길게 줄서 있는데도 문짝 없는 화장실에서 당당히 볼일 보는 중국인을 보았을 때 입이 다물어졌다.

물론 위에 열거한 것들 때문에 할 말이 없었지만, 여행 내내 앞서가신 선열들의 체취를 느끼면서 다가오는 감동과 애달픔을 말로 표현하기가 어려웠다. 임시정부의 유적지들이 빠르게 도시화하면서 흔적도 없이 사라진 곳도 있었지만 중국 정부의 배려로 곳곳에 기념관과 박물관이 마련되었다. 그렇게라도 임시정부의 흔적을 찾을 수 있어 그 당시와 지금 중국인들이 우리 임시정부를 얼마나 인정하고 얼마나 우호적으로 대하는지를 알 수 있었다.

여행 동안 일정에 따라 현지 가이드가 수시로 바뀌었어도, 사람들은 모두 조선족 동포였다. 그 사람들은 남북을 한결같이 '아버지와 어머니 나라'라고 하면서 부모들이 싸우지 말고 화평하게 지내야 자신들이 평화롭게 살 수 있다고 하였다. 그러면서 최근 남북 관계가 나빠진 것을 매우 안타까워했다.

어느 일이든 오랫동안 하다보면 직업병이 생긴다고 한다. 이번 여행 후유증으로 나도 위가 커져 웬만큼 먹어서는 양이 차지 않는다. 차가 설 때마다 화장실에 가던 버릇 때문에 지금도 문뜩 소변을 보아야하는 것처럼 착각하기도 한다. 집에서 대체로 밥을 먹지 않던 남편이 이번 여행에 같이 다녀온 뒤로는 꼬박꼬박 밥을 챙겨 먹어 고생하고 있다.

그래도 돈 주고도 살 수 없는 값진 여행을 하여 이 불편함을 즐기면서 우리 일행 한 분 한 분을 떠올려 볼 때가 많다. 나도 신 독립군이 되어 왜곡된 역사를 바로 잡는데 앞장서련다. 흥겨운 독립군가가 귀에 선하다.

다섯째날

창사(장사)

준의

류저우

창사

오주 광저우

남경 전장

長沙

창사는 중국 후난성(湖南省 호남성)의 성도이다. 화북과 화남을 잇는 교통 요지로서, 중국 고대국가 때부터 많은 물자가 모이는 곳으로 도시가 발달하였다. 청(淸) 나라 말기부터 후난성의 혁명운동 거점이 되었다. 경제적으로는 중국 제일의 곡창지대이며, 후난성의 상업 중심지로 '미시(米市)'라고도 부른다. 오늘날에는 전자, 기계, 식품, 방직 등이 발달한 종합 공업도시이다. 특히, 장자제(장가계)로 가는 길목에 있어 한국 관광객이 많이 찾는다.

교통이 아주 편리하여 창사 국제공항과 수많은 철도와 고속도로가 연결되어 있을 뿐만 아니라, 샹장(상강)과 둥팅호(동정호)를 경유하는 수운도 있다.

악록산

창사는 중국을 건국한 마오쩌둥이 태어난 곳이며 학교를 다닌 곳이다. 교육기관으로 후난(湖南 호남)대학, 사범대학 등 23개 대학이 있다. 문화재로는 마왕퇴한묘, 웨루산(岳麓山 악록산), 웨루서원(岳麓書院 악록서원)이 있다. 웨루산은 높이가 200미터 남짓한 낮은 산이지만, 후난 명산으로 유불선 3교의 성지로 손꼽힌다. 중국 최대 고찰인 '녹산사'가 있다. 산이 아름답고 후난대학과 붙어 있어 주말에 찾는 사람이 많다. 우리 독립운동가 기록에도 이곳에 놀러왔다는 기록이 남아 있다.

조소앙 선생님 따님 조계림은 내 동갑내기 단짝이었는데, 같이 악록산에 갔어요. 조경한 선생님도 가시고 어른들도 많이 가셨지요. 산에 영산홍 꽃이 굉장해요. 온 산이 불난 듯이 빨갛더군요. 어른들이 그래요. 우리 고향 진달래도 이만큼 아름답다고. 그러시면서 눈물을 지으셨어요. 그래 산을 보면서 모두 점심 요기를 했고 노래를 불렀어요. 만주 9.18사변을 노래한 것이었는데, 그 노래를 우리가 부르기 시작하자, 주변에 있던 중국 사람들이 다같이 따라 부르더군요. 순식간에 온 산에 그 노래가 울려 퍼졌어요. (지복영 : 독립운동가, 이청천 장군 딸, 한국광복군)

웨루산(악록산) 녹산사 옆에 창사 시정부에서 만든 김구 기념관이 있다. 창사 시정부는 김구가 난무팅(楠木廳 남목청)에서 총상을 당한 뒤 이

임시정부 가족들이 살던 서원북리 자리에 아파트가 들어섰다.

곳에서 요양했다고 하나, 임시정부 연구자들은 악록산 요양지가 역사적 유적지가 아니라고 하였다.

서원북리

1937년 11월 중일전쟁이 확대되어 일본 비행기의 난징 폭격이 시작되었다. 이에 중국 정부가 충칭으로 천도하였을 때, 대한민국 임시정부는 후난성 창사로 갔다. 대학살이 자행되기 전 가까스로 난징을 빠져 나온 것이다.

임시정부 대가족이 창사로 오는 여정도 결코 순탄치 않았다. 목선을 타고 장강을 거슬러오르다가 역풍을 만나면, 선원들이 언덕으로 가서 줄을 어깨에 메고 배를 끌었다. 그렇게 후베이성 우한(武漢 무한)에 도착했다. 우한에서 며칠 묵은 뒤 임시정부 대가족은 일부는 배로 상강을 따라 창사로 향했고, 일부 가족은 기차를 탔다. 동정호를 비껴가는 한겨울 기차 여행도 결코 쉬운 일은 아니었다. 청년 당원들은 중요한 문서 상자와 대가족이 쓸 생활 집기를 싣고 나중에 따로 도착했다. 이렇듯 힘겹게 보존된 임시정부 문서가 광복 후 고국에서 6.25 전란 중에 거의 소실되었다.

임시정부 가족들은 고생 끝에 창사에 안착한 뒤 7개월 정도 머문다. 그러다 1938년 여름 일본이 창사를 침공할 때까지 서원북리에 머문다. 그 당시 서원북리 주택가 골목에는 2층 목조 연립주택 한 동이 서 있었다. 임시정부 선발대는 오른쪽 끝 8호 모서리집을 빌려 임시정부 청사

서북원리 입구

 로 삼았다. 임시정부 다른 가족들이 계속 도착하면서 사무실과 개인 살림집들은 그 주변에서 구했다.

 지금 그 자리에는 1997년에 지었다는 아파트가 들어서 있었다. '서원북리'를 찾아가는 골목길 위 허공에는 이층 창밖으로 내민 장대에 빨래와 고깃조각들이 함께 이리저리 얹혀있어 이채로웠다. 흐리고 습한 날씨 때문에 집안에선 빨래가 잘 마르지 않는단다. 옛 시절 임정 가족들이 이곳을 드나들 때와 크게 다르지 않았을 것 같아 그분들의 고단했을 삶을 잠시 상상해 볼 수 있었다. (양인선 정리)

남목청

 1938년 5월 6일 난무팅(楠木廳 남목청) 6호(당시는 9호)에서 총성이 울렸다. 흩어진 힘을 뭉쳐 항일운동을 추진하기 위해 책임자들이 3당(한국국민당, 조선혁명당, 한국독립당) 통합을 논의하던 자리였다. 이운한이 쏜 총에 현익철이 운명하였고, 이청천(이청천) 장군은 재빨리 엎드려 탄환이 손등을 스쳤다. 유동열 선생이 부상을 당했고, 김구 선생은 가슴에 맞았는데 다행히 심장을 피해 총알이 박혔다. 김구 선생은 상아의원으로 즉시 호송되어 치료를 받으며 한 달간 입원하였다. 범인 이운한은 중국당국에 체포되었으나, 일본군이 창사를 침공할 때 탈옥했다. 사건 배후나 범행 동기는 일본이 벌인 일인 것 같았으나 제대로 밝혀지지 않았다. 현익철 선생은 악록산 서쪽 산허리에 안장되었다.

 2007년 창사 시정부는 남목청 6호를 시 문화재로 지정하고, 2009년에 복원하여 전시실을 만들었다. 이 전시관에서 중국인 대학생으로 한국에 어학 연수까지 다녀온 안내인이 재미있게 한국말로 안내하였다. 영상물과 한글로된 안내문이 준비되어 있었다. 우리나라가 못하는 일을 중국이 대신하고 있는 듯해서 기분이 야릇하고 고마웠다. 우리 항일 사적지를 복원한 목적은 창사시에서 출발하는 관광명소 '장가계' 때문일 것이다. 그래서인지 이 전시관은 '장가계'로 가는 한국인 관광객들이 대부분 들르는 곳이 되었다고 한다. 성수기엔 하루에 500~600명 정도가 방문한다는 것이다.

남목청기념관

중국에서 국부는 '손문'을 말하는데, 한국에서는 '김구'를 국부로 생각지 않는 것 같다. 십 만원짜리 지폐에 대형 태극기를 배경으로 찍은 임시정부 요인 사진과 함께 김구 선생 초상이 들어간다더니 최근엔 소식이 없다. 하루 빨리 발행되어 온 국민이 김구를 일상 생활에서 자주 봤으면 좋겠다.

기념관에 전시된 자료 중에는 현익철 부인 방순희 사진과 함께 '중추석별(中秋惜別) 묵관군, 편히 쉬시라! 그대 부인, 그대 아들은 내가 안전하게 보호하리라'라는 글귀가 있었다. 악록산 기슭 어딘가에 묻혀있는 현익철을 그리워하는 김구의 고귀한 인간애와 의리를 느낄 수 있는 글귀였다. 아직도 현익철 묘지를 찾지 못했다고 한다. 중일전쟁, 국공 내

전, 중국 공산화 이후 현재 개방에 이르기까지 세월이 많이 흘러갔다. 아직도 우리 독립지사들 무덤을 이장하지 못해, 오늘도 그 분들 영혼이 편히 잠들지 못하고 이국 땅 중국대륙을 떠돌고 있다고 생각을 하니 마음이 울적했다.

1938년 일본군은 여름 양자강을 따라 서쪽으로 진군하면서 후난성 경계선을 넘보기 시작했다. 한여름 폭염 속에 임시정부 요원과 대가족은 피난 열차를 타고 후난성을 떠나 광저우(광주)로 향했다. 도중에 일본기 공습을 받아, 기차에서 내려 수풀 속에 숨었다가 다시 타기를 되풀이 하며 광저우까지 사흘이 걸려 도착했다.

그 고난스런 길을 우리 일행은 고속열차 '허시에(和諧, 화해)'의 속도감과 호화로움에 감탄사를 연발하며 단 두 시간만에 광저우(광주)에 도착했다. '허시에'는 우리나라 고속열차보다 더 빠르다. 시속 350㎞ 속도를 내는 최신식이어서, 중국의 고속 성장을 실감할 수 있었다. 밤 늦게 도착한 광저우 역은 기차역인지 국제공항인지 분간하기 어려울 정도로 규모가 컸다. 2010년 아세안 게임을 위해 과욕을 부린 것 같다. (이호헌 정리)

상아의원

김구 선생이 남목청에서 총상을 입고 이곳에 실려 왔을 때 의사가 진단해 보고 처음에는 가망이 없다고 판단하여 문간에 방치하였다. 그 후 몇 시간이 지나도록 목숨이 붙은 것을 보고 다시 치료를 시작하였다.

의사가 심장 옆에 박힌 탄환은 생명에 지장이 없다고 하여 탄환을 꺼내지 않고 그대로 두었다. 그래서 김구는 평생 총알을 가슴에 품고 불편하게 살았다. 이때 이후 붓글씨를 쓸 때마다 손을 떨어서 '흔들리는 글씨체'가 되었다고 한다.

상아의원은 1915년에 서양인이 도와줘 지은 대형 병원이다. 지금 기준으로도 엄청나게 큰 빨간색 벽돌 건물인데 보존 상태가 아주 양호하다. 그 후에 지은 회색 시멘트 병동과 대비되었다.

현재 문화재로 지정된 상아의원 본건물이 큰길에선 잘 안 보여, 현지 안내인과 많은 한국인이 길 건너편에 있는 후난 의대 건물, 또는 1950년대에 지은 상아의원 부속건물을 당시 상아의원으로 착각하는 경우가 많다고 한다. 진짜 상아의원 건물은 부속건물 건너편 길 안쪽에 있었다.

(이호헌 정리)

상아의원

"그럼 학교 안 가도 돼요?"

박정민

인문계 고교생, 학교가 싫지만 사실 별 생각 없이 산다. 상담가가 되는 것이 꿈이며 사람들 만나는 일을 좋아한다.

여행을 떠날 때 나는 대한민국 인문계 고등학교 1학년 학생이었다. 지난 1년 동안 학교 생활은 정말 힘들었다. 고등학생이 되면서 밤 11시 40분까지 야간 자율학습에 참여했는데 내 의지가 아니라 억지로 해야 했다. 1학기 초에는 열심히 해서 원하는 대학에 가야겠다고 의지를 불

중경 대한민국임시정부 청사에서 김구 선생을 가운데 두고 박동우 선생과 딸 박정민이 기념사진을 찍었다.

태우며 공부했지만, 한 학기를 못 채우고 지쳤다.

결국 2학기 때는 야간 자율학습에 참여하지 않았다. 그런데도 학교는 여전히 바쁘고 정신없었다. 피곤에 찌들어 수업 시간이 끝나면 친구들은 수면 시간을 보충하기 바쁘고 나도 그 사이에 끼어 같이 지쳐갔다. 그렇게 무의미하다고 생각되는 날들을 보내다가 겨울방학을 맞았다.

방학에 중국으로 간다는 아빠에게 제발 나도 데려가 달라고 졸랐다. 솔직히 처음에는 학교를 벗어나고 싶은 마음이 간절해 여행이 어떤 목적인지 중요하지 않았다. 가야 한다는 사실과 보충 수업이 싫다는 생각이 더 앞섰다. 그렇게 이번 여행에 참여하였다.

물론 답사를 가기로 결정한 후 평소에 흥미가 있었던 국사 과목을 다시 공부하였다. 그리고 《백범일지》를 읽으면서 어쩐지 나에게 의미 있는 여행이 될 거라는 확신이 들었다. 결국 그 예감은 틀리지 않았다.

처음으로 인천 공항에서 다른 일행과 또래 친구들을 만났을 때는 너무나 어색했다. 내가 숫기 없는 아빠를 닮은 건지, 먼저 다가가서 말을 건네고 친해지는 것이 아주 어려웠다. 남들이 먼저 다가와서 말 건네주길 기다렸다. 고맙게도 모두 그렇게 해주었다. 가까워지고 난 후에는 답사가 갈수록 즐거워졌다.

사실 이번 답사에 참가하면서 '아빠처럼 말도 없고 재미없어 보이는 어른들만 많으면 어떡할까'하며 고민하였는데, 정말 쓸데없는 고민이었다는 게 단 하루 만에 입증되었다. 젊게 사는 분들과 소통하는 것은 즐겁고 유쾌했다. 재미있으면서도 교훈을 담고 있는 이야기들도 많았다.

이번 답사에서 나에게 가장 큰 가르침을 주신 분은 사회학과 김순흥 교수님이다. 김구 선생님이 암살범 총에 맞아 한 달간 입원하셨던 상아의원에 갔을 때였다. 김 교수님이 불쑥 나에게 이런 질문을 하셨다.

"네가 김구 선생님 대신 한 달간 여기서 입원해 있으라고 하면 할 수 있겠니?"
"그럼 학교 안 가도 돼요?"

나도 모르게 순간적으로 그렇게 대답했다. 그 이후에 나는 일행들한테 동정 어린 시선을 받아야 했다. 나중에 들은 것이지만, 그 한 마디가 오늘날 대한민국 청소년들 심정을 잘 표현해주는 말이라서, 어른들이 가슴 아파했다고 한다. 오죽하면 학생들이 학교에 가는 것보다 총 맞는 것이 더 낫다고 생각했으랴 하였다는 것이다. 그래서인지 틈날 때마다 김 교수님을 비롯하여 다른 분들한테 붙잡혀 힘내라는 격려를 끊임없이 들어야 했다.

그렇지만 이것도 좋은 경험이자 가르침이었다. 김 교수님은 나에게 인생을 좀 더 마음 편하게 걱정 없이 살아가라는 말을 해주셨다. 김 교수님도 학교 다닐 때 툭하면 땡땡이 쳤다고 하셨다. "교수님! 그럼 저도 지금 땡땡이 쳐도 되나요?"

우리 일행이 돌아다니며 확인한 임시정부 유적지는 대부분 낡고 허름해서 음침한 느낌이 들었다. 개발에서 벗어난 건물은 겨우 서 있었으며, 계단은 좁고 어두워서 조심스럽게 내려가야 했다. 그 당시 빈민가 골목 한 구석에 살면서 힘들게 독립을 위해 애쓰셨을 선열님들 생각을 하니 가슴이 먹먹해졌다.

이번 임시정부 사적지 답사를 통해 우리가 '역사에 대한 관심'이 너무 빈약하다는 것을 알았다. 나를 비롯하여 요즘 학생들은 우리 역사에 대해 너무 무지하였다. 불과 100년이 되지 않은 근현대사 독립운동 선열들이 어떤 활동을 하셨는지조차 잘 모른다. 오늘날 독립된 국가의 국민으로서 그 분들께 감사한 마음을 잊고 산다.

대한민국 젊은 학생들이 어떤 몫을 해나가야 하는지를 고민해 볼 필요가 있다. 또한 단순히 우리 역사에 대한 단편적인 지식을 암기하는 것을 넘어, 그런 역사를 어떻게 재해석하고 후손들에게 가르쳐야 하는지도 생각해 봐야 할 것이다. 우리 일행처럼 '우리 역사 바로 알기'에 관심을 가진 사람들이 더 많아졌으면 좋겠다.

학교 보충수업보다 백만 배 쯤 의미 있었던 답사였다. 방학 중에 학교에 갔으면 보충 수업을 들으며 공부는 열심히 했겠지만 김구 선생님이나 함께 다녔던 분들과 같은 스승은 만나지 못했을 것 같다.

학교로 다시 돌아온 지금. 여전히 학교는 힘들고 다시 중국으로 돌아가고 싶다. 그렇지만 이번 답사는 지금 내가 해야 할 일을 더 열심히 할 수 있는 자극제가 됐고 내 목표에 좀 더 확실한 동기 부여가 됐다. 더불어 내가 나중에 어떤 삶을 살아야 할지도 알 것 같았다. 우리 역사를 바로 알고, 바로 알리려는 노력이 대한민국의 '젊은 피'로서 내가, 우리들이 해야 할 일이 아닌가 싶다. 어른이 돼서 또 한 번 답사에 참가하고 싶다.

가슴으로 느낀 역사 여행

양인선
한국의 평범한 학부모. '선행 학습 위주의 경쟁 교육'을 거부하고, '혼이 담긴 재미있는 교육'을 원한다.

공항에 가려고 새벽 어스름이 채 걷히지 않은 인천대교를 지날 때 100여 년 전 역사 속으로 빠져드는 기분이 들었다. 언젠가 텔레비전에서 이회영 선생이 종갓집 전 재산을 팔아 대가족을 이끌고 만주로 건너가 신흥 무관학교를 세운 일화를 본 적이 있다. 허허벌판에 가족을 내려놓고 평생을 투쟁하며 사신 것을 보고 가슴시린 충격을 받았다.

중경 토교 우리촌에 3·1 유치원이 생겼다.
2줄 왼쪽: 연미당(엄항섭 부인), 강영파(유진동 부인), 김병인, 이국영, 정정화(김의한 부인)

이런 가슴 뭉클하고 진실한 선열들의 역사를 나는 학교에서는 배운 적이 없었다. 왜 제대로 가르치지 않는 것일까? 왜 감동으로 가슴에 새기지 못하고 빈약한 기억으로만 머리에 남아있을까?

알고 보면 100여 년 전 우리나라가 제국주의 열강의 야욕 앞에 풍전등화와 같았어도, 일본의 강제 병합에 속수무책으로 당하고 있었던 것은 아니다. 각 지역에서 의병을 일으켰고, 민영환 같은 양식 있는 지식인들이 자결하였다. 이회영 일가 외에도 전 재산을 처분하여 간도로 건너가서 항일 투쟁을 계속하던 사람들도 있었다. 3·1 만세 운동 직후 김구를 비롯한 수많은 의인들이 중국으로 망명하여 임시정부를 수립하였다.

그리고 소련 사회주의 혁명의 영향을 받아, 중국 공산당에 들어가 일본과 벌이는 전쟁에 뛰어든 피 끓는 청년들도 많았다. 특히 이들 중에는 광복 후 북쪽으로 들어가 북쪽 정권에 숙청당해 남북 역사에서 잊혀진 인물도 많다. 가슴 아픈 일이다. 남쪽만이라도 이분들을 포용하고 역사에 기록해야 될 것 같다.

중국에서 27년 동안 임시정부가 유지될 수 있었던 것은 국내에선 전국적인 연통제가 조직되어 자금이 조달되었고, 또한 해외로 이주한 동포들이 성금을 낸 것도 한 몫 했다고 한다. 말하자면 수많은 변절자와 일제 앞잡이도 있었지만, 역사는 이런 숨어있는 맑은 영혼 때문에 맥을 잇고 발전하는 것 같다. 그래서 가는 곳마다 가슴이 뭉클했는지 모른다.

일제 강점기에 태어나고 교육받고 성장한 젊은이들 중에는 일제 말에 학도병으로 뽑혀 중일전쟁에 배치되자 죽음을 각오하고 일본 부대에서 탈출한 청년들도 있었다. 그 사람들이 6천리 길을 걸어와 충칭에 있던 '대한민국 임시정부'에 태극기를 들고 애국가를 부르며 나타났을 때, 김구는 목이 메어 말을 잇지 못했다고 한다.

답사 마지막 날 우리도 그 순간을 떠올리며 충칭 임시정부 청사 계단에서 독립군가 '압록강 행진곡'을 불렀다. 그리고 우리도 울었다.

진주 우리나라 지옥이 되어 모두 도탄에서 헤매고 있다.
동포는 기다린다. 어서 가자 고향에.
등잔 밑에 우는 형제가 있다. 원수한테 밟힌 꽃포기 있다.
동포는 기다린다. 어서 가자 조국에.

내가 주부라 그런지 '대한민국 임시정부' 기념관에 전시된 자료 중에 특히 눈길을 끄는 부분은 임시정부 가족들이었다. 당시의 열악한 피난살이에서도 아이들은 늘 밝게 웃고 있었다. 떠나기 전 꼼꼼하게 읽은 《백범일지》와 《장강일기》에서도 아이들 생활과 교육 관련 부분에 더 관심이 갔다. 아이를 기르는 어머니 심정을 이해 할 수 있었기 때문이다.

지금은 80~90대 노인이 되었을 사진 속 아이들은 전쟁을 피해 다니면서 굶주림을 견디어야했다. 나라를 잃어버린 '망국노'라는 놀림을 받고 중국 아이들과 다투었다는 이야기를 들었을 때는 눈시울이 뜨거워졌다. 그 어려운 여건에서도 상하이 임시정부 시절에 독립지사들은 '인성학교'를 세워 아이들을 가르쳤다.

'창사'에 머문 짧은 기간에도 임시 학교를 만들어 국사와 국어와 우리 노래를 가르쳤다고 하니 '나라의 미래는 아이들에게 있다'는 철학을 일찍부터 독립지사들은 갖고 있었나보다. 또한 악단을 구성해 3·1절 기념식에 연극을 하며 감격하여 함께 눈물을 흘렸다는 것도 가슴이 뭉클하다.

충칭 변두리 도시인 '치장'의 토교 마을에 살 때 임시정부 가족들이 마을 앞을 흐르는 개천과, 작은 폭포가 있는 '화탄계'에서 다이빙을 즐겼다. 임시정부 대가족의 여자들은 '3·1 유치원'을 만들어 보육에 힘썼다. 삶의 현장 곳곳에 놀이가 있고 영혼이 깃들어 있으며 살아있는 교육의 흔적들을 엿볼 수 있었다.

그에 비하면 물질적으로 풍요한 요즘 아이들은 끊임없는 경쟁에서 오히려 정신적으로 빈곤한 것 같다. 온갖 고난을 헤치며 독립 운동을 하신 김구와 수많은 애국 선열들의 삶을 국사에서 제대로 가르친다면, 감동과 자긍심, 의로운 삶에 대한 가치관을 심어주는데 큰 기여를 할 것 같다.

선열들이 이끌어서 무작정 따라나선 길이었지만 의외로 재미도 많았다. 중국 땅이 넓어서 개인으로는 다 둘러보기 어려운데, 운 좋게도 단체가 되어 10박 11일 동안 '대한민국 임시정부' 피난길을 모두 돌 수 있었다. 각기 다른 자연 환경에 있는 다양한 민족, 요소요소에 숨어있는 비경을 볼 수 있었다.

　임시정부 피난길이 관광지 '계림'을 지나가는 길목이라서, 계림을 일부러 가지 않고도 계림 풍취를 느낄 수 있었다. '장가계'를 가지 않고도 기상천외한 동굴을 탐험할 수 있었다. 또한 사천, 광동 등 다양한 환경을 배경으로 탄생된 음식을 먹어보는 것도 즐거웠다.

　한 가지 바란다면 현재 중국 여러 도시에 '대한민국 임시정부' 사적지와 기념관이 어느 정도 복원되어 있으니 일반 관광객들도 관광지 근처 임시정부 사적지를 알아보고 그곳에 들러 순국 선열들의 애국 정신을 느껴보는 것이 좋겠다. 그러면 항일 투쟁의 역사를 머리가 아닌 가슴으로 이해할 수 있을 것이다.

여섯째날

광저우(광주)

류저우　오주　광저우

廣州

광저우는 중국 광둥성(廣東省) 성도이다. 화남 전체의 행정 중심지이다. 베이징, 상하이와 더불어 중국 3대 도시이다. 1842년 아편 전쟁 때 영국에 점령되었으며, 홍콩과 가까워 중국 대외 무역 창구 구실을 한다. 서양 열강이 각축을 벌여 일찍부터 외국과 교류가 많아서 수많은 건물이 서양 영향을 많이 받았다. 광동 요리의 본산지이기도 하다.

황푸 군관학교

우리가 광저우에서 방문한 곳은 황푸군관학교(黃埔軍官學校 황포군관학교) 터이다. 지금 남아 있는 공간은 크지 않지만, 군관학교 개교 당시에는 무척 넓은 공간을 차지하였고, 최고 간부 군인을 키우는 곳이었다

황포군관학교 앞에서

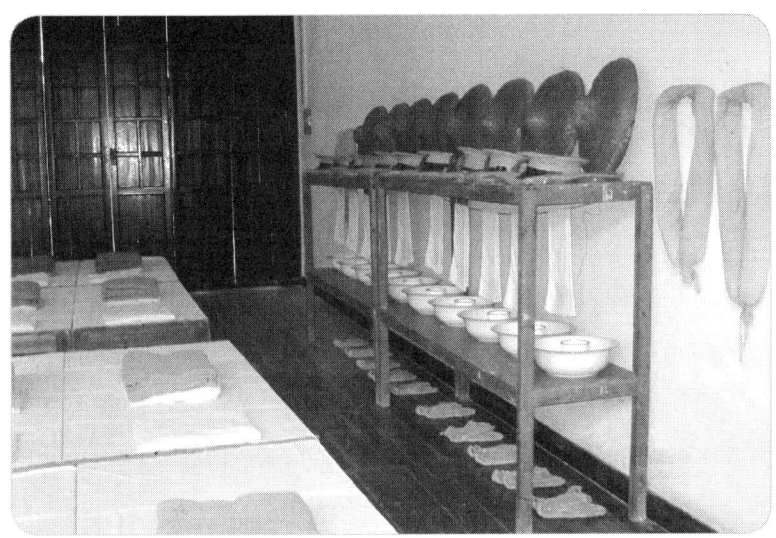
그 당시 내무반을 재현한 모습.

는 것을 역사관을 돌아보면서 알 수 있었다. 황푸군관학교는 중국 최초 현대식 군사학교로 북벌, 중일 전쟁 및 국민당-공산당 내전 동안 중국의 수많은 장군, 군사 지도자들을 배출하였다. 정식 명칭은 중국국민당 육군군관학교(中國國民黨陸軍軍官學校)이다.

이 군사학교는 중국 국민당이 1924년 6월 16일 공식적으로 설립하였다. 이 학교 설립식을 광둥성 광저우 황푸(黃埔)에서 개최하여 황푸군관학교라는 이름을 얻었다. 황푸군관학교는 소련 홍군 건군 원칙과 작전 경험을 바탕으로 쑨원이 세운 군사학교였다.

쑨원은 가는 곳마다 혁명을 역설했지만 군사력이 없는 혁명가였다. 용감하고 성질 급한 쑨원 동조자들이 수없이 죽어갔지만 되는 일이 하나도 없었다. 나중에는 기존 군사 세력을 이용해 혁명을 완수하려는 환상까지 품었다.

그러다 1921년 코민테른 대표 마링이 군관학교 건립과 혁명 군대 창설을 건의했다. 소련을 모방해 혁명 군대를 양성하지 않으면 혁명은 성공할 수 없다고 쑨원을 설득하며 지원을 약속했다. 갓 창당한 공산당한테는 군사 투기꾼이라는 소리까지 듣던 참이었다. 건의와 독촉과 필요성에 따라 쑨원은 1924년 국민당을 개조하고 공산당과 합작해 군관학교 설립에 착수했다.

황푸군관학교 학생들은 주로 혁명군으로 구성되어, 제국주의와 봉건 군벌이 중국에서 차지하고 있는 통치적 지위를 무너뜨리고 국민 혁명의 완성을 목적으로 활동했다. 쑨원이 학교 총리를, 장제스(蔣介石 장개석)가 교장을, 랴오중카이(廖仲愷 료중개)가 교당(校黨) 대표를 맡았다. 소련인 고문을 두었으며, 그 아래 정치- 교수- 훈련의 3부, 관리- 군수- 군의 등 3처를 두었다.

1924년 10월 교도단, 교육장, 군법처, 참모처를 증설했다. 저우언라이(周恩來 주은래)가 정치부주임을, 예젠잉(葉劍英 엽검영)이 교수부부주임을 맡았다. 전술·병기·축성·지형·교통통신 등을 교육하였다. 이외에도 신 삼민주의와 마르크스주의 이론이 내부적인 정치교육 과목이었다. 2기부터는 보병·포병·공병·군수품·헌병과로 나누었다. 나중에 정치·기병·교통·무선전과도 증설되었다

그러다 1926년 3월 '국민혁명군 중앙군사정치학교'로 개칭했다. 1927년 장제스가 일으킨 4·12사건 이후 군교 당국도 '청당(清黨)' 작

업을 진행하여 공산주의자 및 혁명적 교관·학생들을 제멋대로 체포·학살했다. 1928년 군관학교는 당시 수도인 난징으로 옮기면서 '중앙육군군관학교'로 개칭했고 뤄양(洛陽 낙양), 우한(武漢 무한), 청두(成都 성도), 광저우(廣州 광주), 쿤밍(昆明 곤명) 등지에 분교를 설치했다.

광저우 황푸 군관학교는 1927년 4월 폐교될 때까지 약 3년간 6기 약 7,000명 졸업생을 배출하고 문을 닫았다. 그러나 이 학교가 중국 역사에 미친 영향은 실로 엄청났다. 국민당 군대와 공산당 군대 양측에 군사 지도자를 배출하였고, 정치적으로도 이 학교 출신들이 중요 요직에 자리를 잡았다. 국공 내전 기간에 이 학교출신 부대장들이 서로 반대편에서 전투를 벌이는 것은 아주 흔한 일이었다. (김찬수 정리)

자료 독립 운동가와 황푸 군관학교

황푸 군관학교는 한국 독립 운동사에도 많은 영향을 미쳤다. 1921년 10월 광저우에서 임시정부 신규식 선생이 광동 호법정부 대총통인 쑨원과 회담할 때 한국 독립 운동에 대해 5가지를 요구하였다. 그 중에 한국 학생들을 중국 군관학교에 수용해 줄 것을 요구하였고, 우한(무한) 분교를 포함하여 한인 청년들이 총 200여명이 입학하여 교육을 받았다.

한국인 입교는 중국 국민혁명에 대한 공감과 함께 군사·정치 기술을 학습하여 한국 민족 해방 운동에 기여하려는 차원에서 이루어졌다.

1925년 7월 3기부터 입학이 허용되어 임시정부, 통의부(統義府), 의열단(義烈團) 같은 단체에서 청년들을 파견했다. 특히 의열단은 테러 활동에서 대중적 무장 투쟁 노선으로 방향을 전환하면서 김원봉 등 단원 24명이 4기생으로 입교했다. 이들이 나중에 민족혁명당을 결성하고 조선의용대가 조직되어 독립 운동의 중요한 군사적 기초가 되었다. 5기 졸업생까지 한국인은 박효삼, 신악 등 34명이었고, 김훈, 오성륜 등 한국인 교관도 7명이 있었다. 황푸 군관학교 역사 전시실에는 양림, 이범석, 최용건 이렇게 세 한국인들이 소개되고 있었다.

양림(1889~1936)은 1924년 황푸군관학교 교련부 학생 사단에서 근무하였고, 1932년에는 만주지역 홍군 제23군단 군단장을 역임했으며 1936년 항일 전투 중 사망하였다.

이범석(1900~1972)은 만주 삼원보의 신흥 무관학교를 졸업하고, 1920년에는 청산리 전투에 중대장으로 참전하여 큰 승리를 거두었고, 황푸 군관학교의 한인 장교 대장을 역임하였다. 이후 1941년 한국광복군 참모장을 역임하고, 1945년에는 광복군 중장으로 귀국하여 1948년 정부 수립후 초대 국무총리와 국방장관을 겸임하였다.

최용건(1900~1976)은 황푸 군관학교 교관을 역임하였다. 1927년 발생한 광저우 코뮌과 광저우 폭동에 가담했다. 그러나 이 폭동이 실패로 돌아가고 많은 혁명가가 희생되었다. 1936년 동북항일연합군 제7군단장으로 항일 무장투쟁에 참전하였다. 북한 정권 수립 이후 인민군 총사령관, 민족보위상, 국가 부주석 등을 지냈다. (김찬수 정리)

동산공원

광저우 동산공원(東山公園)은 임시정부가 들어서고 가족들이 즐겨 찾았던 곳이다. 낯선 곳에서 임시정부 가족들이 그나마 아

2009년 가을 동산공원 풍경. (중도일보 영상)

이들 재롱으로 시름을 달래는 곳이었다. 그런데 막상 우리 일행이 한참을 헤매도 상가 거리만 계속될 뿐, 공원처럼 생긴 곳은 아무데도 없었다.

오고가는 사람들에게 옛 주소와 거리 이름을 대며 확인해도 아는 사람이 없었다. 한 참 뒤에야 겨우 나이 많은 중국인에게 물어 공원으로 추정되는 곳을 찾았다.

공원 돌담에 남은 옛 기와에서 세월 흔적을 알 수 있었다. 그러나 지금은 동산 공원 터가 아파트와 상가에 둘러싸인 채, 섬처럼 초라하게 고립되었다. 공원에 있던 오래된 나무만 세월을 증언하듯 서있었다. 도시가 점점 개발되어 공원은 자취만 남고 그나마 건축 가림막으로 가려져 아무도 드나들지 않는 곳이 되었다.

그 상태가 한두 해가 아니었으므로 그 자리가 공원이었는지 이곳 사람들이 몰랐나 보다. 우리는 공원 돌담을 배경으로 펼침막을 앞에 편 채 사진을 찍었다. 이 작고 초라한 돌담조차 머잖아 허물 것이라는 생각에 여러모로 착잡했다. (이광영 정리)

후기

자료를 정리하는 과정에 중도일보에서 '임시정부 90년주년' 특집으로 중국 여러 곳을 취재하여 기사로 내보내고 유적지 영상을 담은 기록을 발견하였다. 임시정부는 광저우에서 두 달 머무는 동안 동산공원 안에 있던 5층 건물 아세아 여관에 임시 판공처를 마련하였다. 광동성 정부가 특별히 배려하여 야외수영장이 있을 만큼 좋은 현대적인 숙소를 임시정부에 특별히 배정한 것이다.

중도일보 기자가 2009년 취재할 때도 동산공원은 노인들이 마작을 즐기는 장소로 이용되었는데, 우리가 2011년 1월에 찾았을 때는 문이 굳게 잠겼다. 담장 너머를 살펴보았지만, 중도일보 영상에 담긴 공원 흔적이 전혀 없이 폐허로 방치되어 있었다. (한효석 정리)

중산대학

1920년대 중국 광동지역은 중국민주대혁명의 발원지이자 중심지였다. 이 혁명 중심에 있었던 손문은 중국처럼 제국주의 열강의 억압을 받고 있던 동아시아 피압박민족의 민족해방운동을 동정하고 지지하였다. 그래서 손문은 이들 국가의 민족운동가들이 광동지역을 무대로 민족해방운동을 전개할 수 있도록 지원하였다.

손문은 중국민주대혁명을 주도하게 될 젊은 인재들을 길러내기 위하여, 1924년 광동성 성도 광저우(廣州)에 국립광동대학과 황포군관학교를 세웠다. 1925년 3월 손문이 죽자, 국립광동대학은 손문 뜻을 기리기 위해 학교이름을 국립중산대학으로 바꿨다. 중산은 손문의 호이다.

국립중산대학은 손문 유지에 따라, 제국주의에 나라를 빼앗긴 월남과 대만, 한국 청년들이 이 학교에서 공부할 수 있도록 주선하였다. 입학시험에서 편의를 제공하였고, 학비와 기숙사비를 면제해 주었으며, 생활비를 지급하였다.

중산대학에 입학한 여러 나라 학생들 중에 한국인 학생이 제일 많았다. 학교가 생기고 1945년 광복 때까지 이곳에서 공부한 한국인 학생은 200여 명이었다. 한국인 학생들은 나라의 독립을 위해 열심히 공부하는 한편, 용진학회(勇進學會)를 만들어 '용진(勇進)'이라는 잡지를 발

한국혁명여성동맹 창립 기념 사진. (1940년) 김효숙은 앞 줄 왼쪽에서 네 번째 사람.

행하였다. 학생들은 이 잡지를 통해 학생간 친목을 도모하고, 중국인 등에게는 우리나라 독립운동을 선전하고 홍보하였다.

그리고 중국 혁명운동에 참여하였다. 특히 1927년 광주기의(廣州起義)에 한국 청년 200여명이 참여하였다가 150명이 희생되었는데, 그 중 중산대학 출신이 40여명이었다. 우리가 답사 중 보았던 광주기의 열사능원(廣州起義烈士陵園) 안에 있는 중조인민혈의정(中朝人民血誼亭) 기념탑이 이것을 기념하여 세워진 것이다.

중산대학에서 공부한 학생들 중에는 김원봉 부인인 박차정, 안중근 의사 동생인 안공근 아들 안우생, 본명이 장지락인 소설《아리랑》주인공 김산, 1927년 광주기의 때 한국인 학생들을 주동한 김성숙, 의열단원이었고 반민특위 경남 조사관으로 6·25 중 친일파에게 의문의 죽음을 당한 김철호, 대한민국임시정부 주광동단장(駐廣東團長)인 김붕준 자녀 김덕목, 김효숙, 김정숙 등등 꽃다운 젊은이들이 있었다.

그래도 중산대학하면 김효숙이 떠오른다. 그것은 김효숙에게 김구 선생 큰아들 김인이 자필로 감동적인 시를 남겼기 때문이다. 지금까지 김인을 느낄 수 있는 직접적인 자료는 이 시뿐이다.

김효숙은 1919년 다섯 살 어린 나이에, 먼저 상하이로 망명한 아버지를 찾아 어머니, 오빠, 동생과 함께 상하이로 왔다. 1932년 윤봉길 의사 의거로 상하이에서 일본군이 대대적으로 우리의 애국청년들을 수색하고 체포하자, 많은 젊은이들이 광저우로 옮겨와 독립운동을 위한 활로를 모색하였다. 임시정부에서도 이 젊은이들을 지도하기 위해 김붕준을 광저우로 파견하였다. 아버지 김붕준을 따라 광저우로 온 덕목, 효숙, 정숙 삼남매는 중산대학에 입학하였다.

중산대학에 입학한 김효숙은 항일 시위를 하다가 중국 경찰에 붙잡히기도 하고, 중산대학 학생전시복무단을 조직하여 선전 공작도 하였다. 그리고 주말이나 방학 때에는 중산대학 학생들 뿐 아니라, 황포군관학교와 다른 대학에서 공부하는 한국인 학생들과 함께 잡지를 만들고, 각종 강좌도 개설하여 실력을 키우며 독립을 향한 열정을 불태웠다. 또한 시간을 내어 임시정부 대가족 어린이들에게 한글을 가르쳤다. 이렇게 열정적인 김효숙은 늘 방명록을 가지고 다니면서 여러 사람에게서 글을 받았다. 그 글 중에 김인 자필시가 있었다.

누이!
우리는 반역자!
현실과 타협을 거절하는 무리외다.

우리는 혁명자!
정의를 우리의 목숨보다 더 사랑하는 사람이외다.

그리고 우리는 선구자!
선구자인 까닭에 어느 때 어느 곳에서든지

죽음이 기다리고 있는 것을 압니다.

김인
1939. 10
효숙 동무에게

    이글은 김효숙이 1939년 10월 충칭에서 우연히 만난 김인에게 방명록에 글 적어주기를 청하였고, 김인은 흔쾌히 이 시를 남겼다. 김인은 1918년 12월 15일 황해도 안악에서 태어났다. 그가 태어난 지 3개월이 지난 1919년 3월 아버지 김구는 가족을 남겨두고 중국 상하이로 망명하였다. 1920년 8월 김인은 어머니 최준례 등에 업혀 아버지를 찾아 상하이에 왔다. 어머니 최준례는 상하이에서 가난했지만 짧았던 행복한 순간을 가족사진 속에서, 하나 밖에 없는 자신의 모습을 남겼다. 1922년 할머니 곽낙원이 상하이로 왔다. 이 해에 동생 신이 태어났다. 하지만 동생을 낳고 형편이 어려워 산후조리를 제대로 못한 어머니는 1924년 1월 1일 늙은 시어머니와 어린 두 아들, 뜻을 이루지 못하고 유랑하는 남편을 두고 감기지 않는 눈을 감았다.

  늙은 할머니가 어린 손자 둘을 키우다 생활고를 이기지 못하고, 둘째 손자 신을 데리고 고국으로 돌아갔다. 늙은 할머니는 고향 부잣집에서 허드렛일을 하면서도 '상하이에 남은 아들과 손자 인이 오늘 저녁은 어느 집 처마 밑을 기웃거리며, 밥이나 얻어먹었는지······.' 말끝을 잇지 못하고 눈물로 마음을 졸였다. 할머니는 큰손자 인이 마저 고향으로 보내라고 아들에게 엄명했다.

　신은 어머니가 교사로 있었던 안신학교에 다니고, 인은 평양 숭실중학에 다녔다. 1932년 이봉창·윤봉길 의사 의거가 있자 일본은 할머니를 수시로 찾아와, 아들 '김구'에 대한 정보를 얻으려 애를 쓴다. 심지어는 인과 신을 일본에 유학시키겠다고 협박하였다. 김구는 가족들이 볼모가 될까 염려하여 중국으로 오게 하였다.
　중국에 도착하자, 17살 김인은 독립운동에 투신한다. 김인은 일본군이 점령하고 있는 지역의 지하공작을 주로 하였다. 일제 주요기관 폭파와 요인 암살 등을 추진하였다. 한중 유대 강화와 첩보 활동에도 참가

광복군의 전신인 한국청년전지공작대가 서안으로 떠나기 직전 중경에서 임시정부 요인들과 기념 촬영 (1939년 11월 17일)
1줄 왼쪽 : 박영준, 엄항섭, 박찬익, 김구, 유진동, 김인.

하였고, 각종 잡지를 발행하여 항일 사상 고취와 민족 정신 함양에 노력하였다. 김인은 충칭에서 국립중앙대학에 재학 중, 안중근 의사 동생 안정근 딸 안미생을 만나 결혼을 하였다. 그리고 딸 효자를 낳았다.

 김인은 지하공작의 긴장과 충칭의 나쁜 공기로 인해 폐병에 걸렸다. 귀하고 비싼 페니실린이 있었다. 페니실린만 맞으면 산다고 했다. 안미생은 남편 병이 깊어지자 시아버지 김구를 찾아가 간청하였다. 남편에게 페니실린을 맞게 해 달라고. 하지만 김구는 내 오래된 동지들에게도 해주지 못한 것을 내 아들이라고 해서 특별히 해줄 수 없다고 했다. 1945년 3월 29일, 중국 충칭에서 김인은 28살 꽃다운 나이에 4살 어린 딸과 젊은 아내를 두고, 어머니처럼 감기지 않는 눈을 감았다. 일본이 항복하기 5달 전이었다. 김구는 《백범일지》에 기록하였다.

 충칭의 기후는 9월 초부터 다음해 4월까지는 구름과 안개 때문에 햇빛을 보기 힘들며, 저기압에 분지라 지면에서 솟아나는 악취가 흩어지지 못해 공기는 극히 불결하며, 인가와 공장에서 분출되는 석탄연기로 인하여 눈을 뜨기조차 곤란하였다. 우리 동포 300~400명이 6~7년 거주하는 동안 순전히 폐병으로 사망한 사람만 7~80명에 달하였다. 이는 충칭에 거주하는 전체 한인 2할에 해당하는 숫자이니 놀라지 않을 수 없다. 충칭에 거주하는 외국 영사관이나 상업자들이 3년 이상을 견디지 못한다는 곳에서, 우리가 6~7년씩이나 거주하다 큰아들 인이도 역시 폐병으로 사망하였으니, 알고도 불가피하게 당한 일이라 좀처럼 잊기 어렵다. (홍소연 정리)

광주기의열사능원

답사 엿새째 우리가 돌아본 10여 개 도시 가운데 가장 남쪽 홍콩 근처에 있는 광저우에 도착하였다. 광저우는 사시사철 꽃을 볼 수 있는 도시라더니 듣던 대로 도시 전체에 아열대 식물이 싱그럽게 피어 있어 반가웠다.

기의열사 능원은 열대 꽃나무와 화분, 정자, 연못이 어우러져 있어서 보기 좋았다. 누각에서 혼자 또는 무리지어 태극권을 익히는 사람들이 많았다. 우리 일행은 대체로 역사에 무지한 편이라서 중국공산당 혁명역사에서 매우 중요한 사건으로 치는, 1927년 12월 광저우에서 일어난 일을 잘 알지 못했다.

그래서 능원에 있는 중조인민혈의정 안에 3미터 높이 비석 앞에서, 한자로 쓴 '중국과 조선 두 나라 인민의 전투적 우의는 영원하리라.'라 쓰인 글귀를 봤을 때도, 솔직히 별 느낌이 없었다. 조선 청년 150명이 왜 남의 땅에 와서, 그것도 공산당 세상을 만드는 싸움판에 뛰어들어 아까운 생목숨을 잃었을까? 왜?

그런데 누군가 《아리랑(님 웨일즈)》의 주인공 김산도 그 기의에 참여하였다고 하였다. 그래서 답사가 끝난 후 한국에 돌아와 시립 도서관에서 '아리랑' 책을 빌려다 읽었다. 이렇게 '김산'이라는 낯선 인물을 만났다. 그리고 그 책을 통해 비극적이면서 그 자신은 신념에 따라 치열하게 살았기에 '행복하다'고 여긴 서른두 해 삶을 이해할 수 있었다.

김산은 식민지 조선 백성으로서, 열한 살에 평안도 용천 집을 떠나 일본과 만주 등 중국 곳곳을 떠돌았다. 사상적으로는 민족주의자에서 아나키스트로, 사회주의자로 변신을 거듭하였다. 톨스토이의 휴머니즘을 바탕으로 하여 덕과 지, 실천력을 겸비한 균형잡힌 한 인간으로서 살았다.

　아마도 그랬기에 파란 눈을 지닌 미국 역사가, 저술가 님 웨일즈도 김산에게 깊이 매료되지 않을 수 없었으리라. 동녘 판《아리랑》에 리영희 선생이 추천글을 썼는데, 자기 삶의 방향과 내용에 지울 수 없는 크고 깊은 흔적을 남겼다고 밝혔다.

　이번 답사에서 우리가 황푸군관학교와 광주기의열사능원(廣州起義烈士陵園)의 조선 혁명가 150명 기념탑, 중산대학(中山大學)을 방문했을 때, 한국인으로서 조국 독립을 위해 일본과 싸운 사회주의 독립운동가들을 의외로 많이 만났다. 공산 혁명이 조국 해방에 지름길이 될까 싶어 남의 나라 싸움터에서 목숨을 잃은 것이다.

　그동안 우리 사회는 사회주의 독립운동가에 대해 자유로이 알 수 없었다. 남북 분단과 한국전쟁을 겪으면서 우리 사회는 독립 운동 역사의 반을 애써 외면하고 60년 이상을 지내왔다. 그러니 이제부터라도 누구나 김산을 만나 역사적 진실에 좀더 다가가야 할 것이다. 그리고 광주기의열사능원에서 중국 공산 혁명가들과 함께 희생된 조선 청년 혁명가들을 기억해야 한다. (김소현 정리)

초라한 돌담 앞에서 사진을 찍다

이광영
도예가.

산들 선배님!
 언제나 저를 사랑과 격려로 보살펴 주시는데 이제야 소식을 전하네요. 뒤늦었지만 새해 복 많이 받으시고 설렘으로 가득한 한 해가 되시기 바랍니다.

 작년 한 해는 글자 그대로 다사다난했던 한 해였지요. 그래서 올해는 모든 것을 뒤로 하고 2011년을 새롭게 맞이하고 싶어서 어디론가 훌쩍 떠나고 싶었지요. 누구는 심신을 안정하려면 인도가 좋다고 하고, 작품 영감을 얻으려면 어디를 다녀오라고 추천할 때, 우연히 어느 분이 내게 중국 역사 여행을 추천하였습니다. 의미 있는 여행이 낫지 않겠냐 하시면서요.
 그래서 대한민국 임시정부 사적지를 둘러보고 임시정부 27년 노정을 답사하는 모임에 합류하여, 10박 11일 동안 중국에 다녀왔습니다. 30명쯤 되는 인원이 한데 어울려 상하이를 시작으로 항저우, 전장, 창사, 광저우, 류저우, 치장, 충칭을 들렀습니다.
 물론 저는 역사 의식이나 사회 참여에 별로 관심이 없어서, 이 여행에 참여하는 것을 처음에는 여러모로 망설였지만, 뒤늦게 용기를 냈습니다. 결과는 대박이었습니다. 이럴 줄 알았으면 산들 선배님도 함께 가자고 할 걸 그랬나 봅니다.

 중국을 베이징으로만 생각하여 날씨가 아주 추울 줄 알았는데 여행 내내 봄, 봄 날씨였습니다. 그 사이 한국은 100년 만에 엄청난 추위가 몰려 왔다죠? 아마도 선열들이 흘린 피 눈물이 있어서 제가 따뜻함을 누리는지 모릅니다. 선열들이 우리 일행을 기특하다며 날씨로 반겨 주셨다고 할까요?

 그래서 여행 순간순간 독립군가를 부를 때마다 그 마음을 실어서 저도 크게 부른 것 같습니다. 우습지요? 우리가 이번 여행에서 이 노래를 얼마나 많이 불렀는지 모릅니다. 아직도 그 여운이 남아 있는 듯합니다.

동산 공원은 없어졌고, 돌담장 너머로 공원에 있던 나무만 보인다.

산들 선배님!

　새로운 도시, 길, 사람들을 스칠 때마다 선배님 생각이 났습니다. 저 혼자 이런 상념과 평안을 누려도 되는 것인지 미안하기도 하구요. 어떤 때는 깊은 상념에 잠겨서 내가 누구인지 앞으로 어떻게 가야할지도 생각해 보았지요. 정말 오래간만에 일상을 떠나 자유로운 시간을 누렸습니다.

　중국 곳곳에는 엄청난 규모의 건물, 화려한 야경, 정리된 간판, 가지각색 가로등, 가로수의 특별한 조경과 사람들. 하루가 다르게 바뀌는 것 같습니다. 무질서 속 질서라고나 할까요? 전통과 현재가 나란히 공존하는 풍경이 정겨웠습니다.

　중국 남쪽에 갔을 때는 어디서나 싱그러운 초록과 화사한 꽃들이 이방인의 춥고 허전한 마음을 녹여 주는 듯했습니다. 중국이 값싼 물건을 만든다는 이미지를 벗어나 저력 있는 나라로서 곧 자기 색깔을 드러낼 듯합니다.

　여행 중반에 들어 임시정부 가족들이 드나들었다는 광저우 동산 공원을 찾았습니다. 이국에서 생사를 넘나들면서 유일한 즐거움이었을 놀이터와 길을 거닐며, 나도 가족이 되어서 독립운동 그 고난의 여정을 느껴보고 싶었지요. 그러나 나이 많은 중국인에게 물어 겨우 어렵게 공원을 찾았는데, 개발하느라고 공원 자취가 손바닥만큼 남았습니다.

　그래서 그 자리가 공원이었는지 중국 젊은이들이 몰랐던 것이지요.

청색 건축 가림막 사이로 살짝 보이는 오래된 나무들만이 옛 시절을 전해주듯 바람에 흔들리고 있었습니다. 그만큼 아쉬움이 많은 곳이었습니다. 공원 돌담을 배경으로 우리 한국 사람들이 죽 늘어서서 사진을 찍으니, 중국인들이 의아해 하더군요. 왜 초라한 돌담 앞에서 사진을 찍을까 싶은 것이지요. 그러나 이 돌담조차 우리 다음 사람들이 왔을 때 남아 있으려는지 모르겠습니다.

산들 선배님!

여행 초기에는 시간이 느린 것 같더니 10박 11일이 금방 지나가더군요. 이 여행을 통하여 조금이나마 역사관과 현실 참여에 제 인식의 지평이 넓어진 것 같습니다. 하지만 그 넓어진 느낌을 글로 제대로 전하고 싶었는데 제 글쓰기의 한계를 느낍니다. 그래서 김구 선생님의 1949년 신년사를 소개하는 것으로 대신하려고 합니다.

> 묵은해가 몇 번 가고 새해가 몇 번 와도, 우리 삼천만 절대 다수의 유일한 최고 염원은 조국의 자주적 민주적 통일 독립뿐이다. 과거 일 년을 돌아보아 서글픔이 있다면 이 염원이 성취되지 못한 것뿐이고 오는 일 년에 새 희망을 붙인다면 이 염원의 달성뿐이다.

아무래도 저는 글쓰기보다 이 여행을 통해 얻은 감성을 형상화시켜 빠른 시일 내에 도판 작업을 하여야겠지요. 여행 틈틈이 이미지를 잡아 스케치한 것도 있으니 액자든 타일 작업이든 뭔가 만들어 곧 찾아뵙겠습니다. 안녕히 계십시오.

중원에 퍼진 향피리 소리

이규봉

배재대학교 전산수학과 교수, 민족문제
연구소 운영위원장, 대전환경운동연합
공동대표, 대전국악단 단원.

이번 임시정부 사적지 답사는 2년 전부터 마음에 두고 있었던 여행이었다. 대한민국 임시정부 사적지 연구회 첫 사업으로 2009년 이 여행을 계획하고 준비해오다가 이제야 갈 수 있었다.

2010년 여름에 청년 김구가 탈출한 인천 감리서부터 삼도를 유랑하여 임시 정착한 공주 마곡사까지 1400여 킬로미터를 자전거로 다녀왔다. 이 여행이 김구 국내 도피 생활이라면 이번 여행은 국외 도피 생활이라 할 수 있다.

이봉창·윤봉길 의거가 일어나자 일제는 김구에게 거액 현상금을 걸고 쫓았으며 상하이 임시정부도 일본군에 쫓긴다. 그러나 이 두 의거는 당시 장제스의 전폭적인 지원을 끌어내고 김구는 충칭까지 도주하면서 거의 쓰러져가는 임시정부를 끝내 지켜냈다. 김구가 아니었다면 존망 위기에 있던 임시정부는 한낱 역사 속에 잠시 있었던 사건으로 끝났을 것이다.

이 여행을 준비하면서 우리의 전통악기인 향피리를 준비해 갔다. 그리고 독립군가와 아리랑을 준비했다. 충칭 마지막 임시정부에서 고귀

한 선열들에게 우리 소리로 마음의 선물을 하고 싶었기 때문이다.

향피리는 30센티미터도 채 안 되는 작은 몸집에서 매우 큰 소리가 난다. 휴대하기가 너무 편리해 여행을 다니면서 우리 문화를 알리려고 배우기 시작한 이 피리로 중국에서 독립 운동을 했던 선열들을 생각하며 우리 소리를 들려주려 한 것이다.

광저우에 도착하여 광주기의열사능원(廣州起義烈士陵園)으로 갔다. 공원 한 가운데 연못을 바라보며 '중조인민혈의정(中朝人民血誼亭)'이라는 정자가 있다. 그 정자 안에 거대한 돌비석이 있는데, 조선혁명가 150명을 기념하는 비석이다.

과거 마오쩌둥이 공산 혁명을 일으켰을 때 그 시발점이 된 광저우 무장 봉기에 중산대학에 다니던 조선 청년을 포함한 사회주의자 조선인 150명이 봉기에 가담하고 희생한 것을 기리는 비석으로 중국정부에서 1964년 10월 1일에 세웠다. 이 비에는 다음과 같이 붉은 글씨로 선명하게 적혀있다.

중조양국 인민적전투 우의 만고장청

(中朝兩國人民的戰鬪友誼萬古長靑)!

한문에 문외한인 내가 읽어 보아도 언뜻 그 내용을 알 수 있는 이 구절을 보니 얼마나 마음이 뿌듯해졌는지 모른다. 반대쪽 비문에는 다음과 같은 내용이 적혀 있다.

'1927년 12월 11일, 광저우 노동자 계급과 혁명 병사는 중국 공산당

지도 아래 장렬한 무장 봉기를 결행했다. 봉기에 참가한 혁명 병사 가운데는 조선 청년 150여 명이 있었다. 그들은 중국 전우와 함께 정의 깃발을 높이 들고 어깨를 나란히 하고 싸웠다. 마지막에는 사하 전투에서 진지를 굳게 지키며 대부분이 영웅적으로 희생해, 무산 계급의 위대한 국제주의 정신과 두려움 없는 혁명 영웅 기개를 보여 주었다. 광저우 봉기에서 희생된 조선 동지는 영원토록 불멸하리라! 중조 양국 인민의 전투적 우의는 영원하리라!'

지금의 중국을 있게 한 공산 혁명 초기에 조선인 노력을 중국 정부가 높이 산 것이다. 이들에게 우리 독립군가와 아리랑을 바쳤다. 처음에 느리게 연주한 아리랑은 우리 겨레의 슬픈 역사를 뜻하였고 나중에 빠른 아리랑은 마침내 승리했다는 환희에 찬 역사를 뜻하였다.

답사 마지막 날 충칭 연화지에 있는 네 번째이자 마지막 임시정부 청사에 도착하였다. 계단을 두고 양쪽에 위치한 벽돌집에서 옛날 고생하였던 애국지사 모습이 나타나는 듯 했고, 일본 군대를 탈출한 학병이 1945년 1월에 행군하면서 당당하게 임시정부로 찾아오는 모습이 눈에 선하게 떠오르는 듯하였다. 계단에 답사 일행이 모두 서서 향피리 선율에 따라 우리 아리랑과 독립군가를 힘차게 불렀다.
향피리! 넌 참 대단한 놈이야. 30명이나 되는 사람이 외쳐대는 그 속에서도 마치 수탉이 새벽을 깨우듯이 꼿꼿하게 소리를 질러내고 있으니…….

일곱째날

류저우(유주)

柳州

류저우(유주)는 중국의 서남부에 위치한 광시성 장족자치구의 주요 도시다. 예부터 중국인들은 '비단이 아름답고 미인이 많은 소저우에서 태어나, 아름다운 항저우에서 살고, 과일과 음식이 풍성한 광저우에서 먹고, 류저우에서 죽고 싶다'고 말한다는 것이다. 류저우는 장목이 좋아서 관(棺)을 잘 만드는 곳으로 유명하기 때문이다.

낙군사

광저우(광주)도 일본군 폭격이 심해지면서, 임시정부 요인들은 1938년 10월 광저우 시내와 남해현에서 각각 기선과 기차편으로 탈출하여, 대부분 11월 말 광시(廣西)성 류저우에 도착한다.

1938년 낙군사 앞 광장 모습. 기념관에 있는 사진.

남해현을 탈출할 때는 중국 정부 통행 허가서를 기다리다가 기관총 소리를 들으며 피란기차에 올랐다고 한다. 기차를 타고 갈 때는 일본 전투기 총알을 피해 기차에서 내려 사탕수수밭으로 달려가 숨었다. 류저우로 가면서 어느 부둣가에서 20일 동안 발이 묶인 채 언제 떠날지 모르는 날을 기다렸다. 부둣가 강변에 가마를 걸고 음식을 만들어 먹으며 배 위에서 함께 지냈다.

　류저우에 우리 임시정부는 5~6개월쯤 머물며, 이곳에서 1939년 2월에 광복군 전신인 광복진선 청년공작대를 구성한다. 그리고 1939년 4월 류저우를 떠나 구이양과 쭌이를 거쳐 1939년 5월 3일 쓰촨성 치장(綦江 기강)에 판공처를 정한다. 치장은 국민정부 임시수도인 충칭에서 90킬로미터 떨어진 도시였다.

　류저우에서 임시정부요인들이 머물던 낙군사(樂群社)는 호텔 건물이었는데, 광장이 있을 만큼 넓은 터에 자리잡고 있었다. 임시정부 요인과 가족들이 도착한 1938년 11월에 류저우시에는 양옥건물이 낙군사를 포함하여 2, 3채 밖에 없었다고 한다.

　그 당시 낙군사는 중국 국민당 주요 인사들이 머무는 영빈관이었으며, 그 중 일부를 임시정부에게 빌려주었다. 그 당시 낙군사 광장은 지금은 차가 다니는 광장 사거리가 되었고, 낙군사 건물은 류저우 대한민국 임시정부 기념관으로 바뀌었다.

　류저우 시에서 2004년 11월에 항일 독립운동 관련 자료를 전시하며 조성하였다. 류저우에서 결성된 한국광복진선청년공작대 사진, 한국국민당 관련 자료, 이동시기 임시정부의 주요 활동 관련 자료와 류저

류저우 낙군사 건물. 임시정부 요인들이 머물던 곳으로 지금은 기념관으로 쓰인다.

우 중국인들과 벌인 각종 항일운동 관련 자료를 함께 전시하였다. 이 기념관이 아직 제대로 알려지지 않았고, 한국인들이 자주 오가는 곳이 아니라서 기념관이 활성화되지 않은 것 같았고, 그날도 우리 일행만 있었다. (한효석 정리)

류허우 공원과 광복진선청년공작대

류허우(柳候 유후)는 유종원(柳宗元)을 뜻하며 류저우는 유종원이 유배를 와서 생활하던 곳이다. 그러므로 류허우 공원은 류저우 시에서 당나라 시인 유종원을 기념하기 위한 공원이다. 공원 안에는 유종원 묘가 있고, 사당도 있었다.

임시정부가 류저우에서 만든 '한국광복진선청년공작대'는 중국인들에게 항일 의식을 고취시키는 연극을 공연하고 가두행진을 하며, 선전문을 배포하였다. 특히 중국 류저우 항일단체와 기관의 협조로 진행된 연극 공연 수익금을 일본과 전투하며 부상당한 항일 장병들에게 전달하는 등 활발하게 활동하였다.

류허우 공원(柳候公園 유후공원)은 도시에 있는 숲이라 할 만큼 규모가 아주 큰 공원으로 깔끔하게 정리되었으며 아름다웠다. 그 당시 광복진선청년공작대가 1939년 4월 임시정부를 따라 치장으로 옮겨가기 전 류저우의 중국청년공작대와 이별 기념 사진을 찍은 장소이기도 하다. 지금도 그 나무가 살아서 역사를 증언하고 있다. (김찬수 정리)

한국광복진선청년공작대가 유주를 떠나기 직전 중국의 각 단체 대표들과 기념촬영. 앞 줄 맨 오른쪽이 김석동.

자료 중국 상이군인 위문공연 펼친 조선 청년들

1937년 8월 임시정부 계열의 세 정당은 광복진선으로 연합체를 만들었으나 사무는 따로 봤다. 그러나 창사 때부터 3당 소속 청년 대부분은 합숙을 하면서 한 식구로 움직였다. 류저우에 도착한 이듬해인 1939년 2월 한국광복진선 청년공작대가 결성돼 3당 청년들은 통합된 조직을 갖게 됐다. 임정은 이것을 새로운 독립군 조직의 중심으로 삼을 예정이었다.

류저우 시내에 당나라 때 문인 유종원을 기념하는 류허우 공원이 있는데, 광복진선계 청년들 합숙소가 그 근처에 있었다. 공원은 공기도 좋고 운동을 즐기기에 좋은 곳이었다. 임시정부가 류저우에 머무는 동안 나는 거의 매일 공원과 합숙소에 들러 즐거운 시간을 보냈다.

류저우에도 일본군 공습이 몇 차례 있었다. 공습경보 사이렌이 울리면 모두 근교로 피신했다. 류장강 건너편은 산과 가까웠으므로 천연동굴로 피했으며, 시 중심 쪽에 있던 우리는 공동묘지 쪽으로 나갔다. 묘지 사이에 방공호를 파놓아 비행기가 접근하면 그 속으로 들어가게 돼 있었는데, 실제로는 경보가 해제될 때까지 묘지 사이에 앉아 시간을 보내는 것이었다. 방공호 속에는 길이가 한 자 넘는 큰 지렁이들이 보일 때도 있었다. 훗날 알게 됐지만 그곳 사람들은 이 지렁이를 별미로 요리해 먹고 있었다.

중국의 전면 항일전이 펼쳐진 지 만 2년이 되어가는 시기였다. 그 사이 중국군 희생은 막대했으며, 상병(상이군인)도 헤아리기 어려울 정도로 많이 발생했다. 정부 외에 이들을 구호하기 위한 민간단체들도 있었는데, 그중 가장 규모가 큰 조직은 쑨원 부인 쑹칭링(송경령)이 이끌던 '상병지우'(상이군인의 벗)였다. 청년공작대에서는 3월초 중국 문화단체와 협력해 이 기구를 위해 상이군인 위문과 모금 연예활동을 벌였다. 3·1절 기념행사에 이어 있었던 이 행사를 위해 청년공작대는 전력을 기울였다. 그리고 공작대에는 소년부도 두었는데, 나도 또래인 오희옥(오광선 차녀), 엄기선(엄항섭 장녀) 등과 함께 참여했다.

행사는 류저우에서 가장 큰 류저우 대희원에서 치러졌는데 대성공이었다. 1층 일반석은 매진됐으며, 2층은 상이군인 초대석이었는데, 반일 정서를 고무하는 연극들을 보고 이들은 환호했다. 창사에 있을 때도 무대 위에서 노래·춤·연극에 출연한 적이 있지만, 내가 큰 극장 무대에 선 것은 이때가 처음이었다.

청년공작대 소년대원들은 '푸른 하늘' 등 가요를 부르며 춤도 췄다. 나는 중국인 연예단과 합동으로 하는 연극에서 피난민 소년 역을 맡았다. 연극 제목은 기억나지 않는데, 공작대 막내둥이 여성대원 오희영이 나의 누나 노릇을 했다. 노래는 우리말로 했으나, 연극은 모두 중국어로 했다. 동북항일유격대를 배경으로 한 〈전선의 밤〉이란 연극은 전원 우리 청년대원이 출연했지만, 역시 대사는 중국어였다.

주연배우는 김원영이라는 미남이었는데, 그는 그후 중국 항공대 조종사로 활동하다 추락사했다. 이날 스타는 형 김석동이었다. 형은 독창도 하고 합창대 지휘까지 했다. 그리고 국내에서 작은숙부에게 배운 탭댄스까지 보여줬다. 미소년으로 여자 친구들에게 늘 인기가 있는 형이 이날도 인기를 독점한 듯했다.

내가 회장직을 맡고 있는 대한민국임시정부 기념사업회에서 2005년 8월 광복 60돌을 맞아 대학생을 주축으로 100여 명 답사단을 조직해 상하이에서 충칭까지 열흘간에 걸쳐 임정 발자취를 답사한 적이 있다. 그때 류저우에 들렀더니, 당시 연예 활동이 보도된 신문이 남아 있었고, 기사를 썼던 기자가 90대 노인이 되어 생존해 있었다. 청년공작대에서 모금 활동을 했던 극장은 우리가 떠난 직후 일본군의 폭격으로

류저우 기념관에 있는 대한민국 광복군 조형물.

완파되어 없어지고 말았다 한다.

  이 극장에서는 영화도 상영했는데, 찰리 채플린 주연의 나치 히틀러 풍자 영화 '위대한 독재자'를 본 것이 지금도 기억난다. 포산을 떠날 때 최종 목적지는 충칭이었으며, 류저우는 일시 머무르는 중간 기착지였다. 류저우에서부터 우리는 버스로 충칭 근처까지 가게 되어 있었다. (김자동 : 대한민국임시정부기념사업회장, 한겨레 2010년 2월 12일자)

사랑하는 사람은 어눌하다

박동우

전 경기도 예당고등학교 교사. 박정민 아빠. 인위보다는 무위자연을 술과 함께 좋아하였다. 카메라와 낚싯대를 꾸려 정처 없이 떠돌아다니기를 꿈꿨다.

몇 년 전부터 민족문제연구소에 매월 회비만 내는 수동적이고 소극적인 회원이 되었다. 그런데 회비를 내도록 나를 꼬였던 분이 이번에도 또 꼬였다.

'중국 임시정부 사적지를 답사할 좋은 기회가 있다. 나는 원래 여행을 좋아하지 않는 사람인데, 이번 여행은 다르다. 국내에서 임시정부 사적지를 꼼꼼히, 완벽에 가깝게 답사한 분이 직접 인솔한다. 같이 가자. 부부가 함께 가자.'

나는 고등학교에서 25년 동안 역사를 가르치고 있었다. 학교생활 권태기에 들어간 터라 쉬고 싶었고 아이들 엄마도 선뜻 승낙을 했다. 아내는 바빠서 안 되지만 나만이라도 바람 쐬고 오라고 하였다. 고1 딸아이에게 지나가는 말로 같이 가자고 했는데 며칠 후 딸아이가 느닷없이 같이 가겠다고 해서 잠시 고민하였다. 그리고 낭만적인 여행이 아니라는 점을 분명히 강조하고 함께 가기로 했다.

저라고 감옥 같은 학교생활을 잠시라도 탈출하고 싶은 마음이 왜 없으랴? 인문계 고등학생이라 방학 보충 수업 공백이 걱정이 되었다. 그러나 잃지 않고 어찌 얻으랴! 더 큰 것을 얻어 올 것이다. 스스로 위로하면서 우리 부녀는 1월 6일을 기다렸다.

나는 학교에서 수능에 대비한 수업만 하다가 역사의 현장 속에서 역사를 접하는 계기를 맞았다. 물론 대학 시절에도 답사를 다녔지만 그때는 무엇이 산 것이고 무엇이 죽은 것인지 몸으로 느끼지 못했다. 그러나 이번 답사를 통해서 이론으로 배운 관념적 지식과 현장에서 직접 확인하면서 살아 있는 지식으로 체화하는 것이 어떻게 다른지를 알았다. 목적이 분명한 답사는 불확실을 확실하게, 의문과 불신을 확신으로, 관념을 실천과 실용으로 바꿔 놓았다.

상하이에서 처음 수립된 임시정부는 충칭에서 광복을 맞을 때까지 장제스 국민당 군대를 따라 여덟 군데 이상 옮겨 다녔다. 현재는 임시정부 청사가 남아 있는 곳도 있고 흔적을 찾을 수 없는 곳도 있다. 청사가 있는 곳이 앞으로도 계속 유지가 되는지 미래가 불확실한 곳도 많았다. 지금도 건물과 전시물들이 빈약하고 초라해 보인다.

하지만 이 정도도 임시정부와 김구 선생에 열정을 가지신 분들 때문에 유지되고 있는 듯 보였다. 개인이 자료 하나 구하기가 어디 그리 쉬운 일인가? 우리 정부의 도움 없이 뜻있는 분들 노력으로 이만큼 만들어져 유지되는 것이라면 이 또한 엄청난 일이다.

자주국이고 독립국이라면 정부가 나서서 조치를 취해야 한다. 그런데도 정권이 자기들 이익 챙기기에만 급급해서 민족의 문제를 성의 없이 외면한다면 우리 국민이라도 나서야 한다. 임시정부 청사를 돌면서, 전문가의 설명을 들으면서 수업 시간에 학생들에게 가르쳤던 내용들이 스쳐갔다.

민족 운동에 대한 평가는 다양하다. 임시정부의 독립 운동도 마찬가지다. 만주와 연해주 등지에서 무장 독립 운동을 전개하며 일제와 직접 항쟁을 하던 세력과, 임시정부를 통해 외교독립론을 내세우며 간접 항쟁을 전개하던 세력으로 나눈다. 그리고 직접 항쟁 세력을 크게 평가하는 것이 일반적이었다.

그러나 이번 답사를 통해 생각이 조금 바뀌었다. 이봉창 일본 국왕 폭살 기도와 윤봉길 홍구공원 의거 이후 김구를 중심으로 임시정부가 일본군에 쫓기면서 임시정부를 지키기 위해 처절하고 극적인 생활을 하였다. 그리고 임시정부가 광복군을 창설하면서 민족 해방 운동을 전개하고 계획했다는 것을 낮게 평가할 수만은 없을 것 같다.

무장 독립 운동은 그것대로 가치가 있고 김구가 이끈 임시정부 활동은 그것대로 충분한 가치가 있지 않을까? 지금 우리 사회는 여러 방면에서 유연성이 요구되는 것 같다. 중립과 균형을 외치면서 추악한 기회주의적 행태를 보이는 그런 유연은 아니다. 민족과 정의의 가치를 위에 둔 유연한 사고로 통합이 필요한 시점이다. 지금 임시정부의 김구 선생이 더 크게 보이는 것은 우연이 아닐 것이다.

세상에 절대 옳고 절대 틀린 것은 없을 것이다. 어떤 주장도 틀리기도 하고 맞기도 하다. 이것이 일반적이지 않을까? 김구와 김구가 이끈 임시정부에 대한 비판이 있을 수 있다. 그러나 김구 선생의 일관된 애국적인 삶과 언행의 진정성, 겸손한 지도력은 높이 평가하기에 충분하다.

얼마 전 '내년부터 국사과목을 선택에서 필수로 한다'고 하는 정부 발표가 문득 떠오른다. 대부분 국민이 국사가 선택 교과가 되기를 바라지 않았다. 그런데 어떻게 선택이 되었다가 필수가 되었다 한단 말인가? 교과가 정권의 입맛에 따라 선택이 되고 필수가 되어야 한단 말인가?

국사뿐만 아니라 교육 과정 전체가 시대의 요구가 자연스럽게 반영되어야 한다. 경제 논리를 앞세워 효율만 따지는 이들에게 역사의식과 민족의식이 있기나 한 것인지 의심스럽다. 가짜가 더 진짜 같다고 한다. 모든 분야의 가짜들을 보아도 더 진짜 같이 보인다. 역사 속에도 가짜들이 많았다. '사랑한다'는 말은 꽃뱀이나 제비가 더 그럴듯하게 한다. 진짜 사랑하는 사람은 오히려 어눌하다.

10박 11일간 화기애애한 분위기 때문에 임시정부 사적지를 답사하면서 길다는 생각이 들지 않았다. 다양한 사람들과 함께 하면서 새로운 것을 많이 느끼고 배웠다. 누구는 아무렇지도 않게 매일 대하는 일상에서도 새로운 시각을 지녔다. 새로운 각도에서 새로운 가치와 교훈을 찾아내는 순발력과 지혜를 볼 수 있었다.

그리고 어떤 이는 세밀하고 섬세한 관찰력과 항상 메모를 하는 습관을 지녔으며, 어떤 이는 의지를 갖고 일생을 가치 있는 한 가지 일에 몰두하여 마침내 자신만의 색깔을 완성하였다. 또 부족한 남을 인정하고 배려하는 넓고 선한 마음도 있었다. 열린 사고와 여유의 내공을 쌓은 재치와 해학적인 삶도 알았다. 셋이 길을 가면 반드시 스승이 있다는 사실을 실감하였다.

갈수록 나를 작아지게 만든 '10박 11일'

김소현

생물학상 여자, 책교 신자, 독서논술 생활화 운동가, 철없게도 양성평등한 세상을 꿈꾼다.

"이번에는 '중국에 있는 임시정부 사적지 답사' 갑니다."

'나란히 가지 않더라도 우리는 함께 가지요'라는 네이버 카페 누리집에 뜬 광고 한 줄을 보고 내 호기심이 반짝 했다. '나란히'는 2010년 7월, 민족문제연구소에서 한일평화역사기행단을 모집해 열하루 동안 일본 여행을 다녀온 사람끼리 만들어 자주 찾게 된 카페다.

광고 내용을 보니 얼추 중국의 열 개 안팎 도시를 다니는데 비용은 생각보다 높지 않았다. 비용에 거품이 빠졌다면, 내가 좋아하는 극기훈련 요소도 꽤 있을 것 같았다. 살면서 만나는 어려움들을 이겨내기 위해 예방주사를 맞는 심정으로 나는 평소에도 곧잘 '사서 몸고생'을 할 때가 있다.

그래도 그렇지, 지난 5개월 동안 10년 별렀던 패러글라이딩을 딸까지 끌어들여서 하느라고 주머니에 먼지밖에 없는데 어이 하랴! '우리나라 최초로 대한민국 임시정부 사적지에 대한 최고 전문가가 해설'한다고? 이 분야 전문가 해설을 듣는 기회가 또 있고 또 있다는 보장 있어? 이 대목에서 평소 빚지고 못 사는 내가, 눈 딱 감고 확 질러 버렸다.

처음으로 찾은 효창원 김구 선생 묘역에서 출정식을 했다. 그리고 예습으로 《백범일지》(도진순 주해), 소설 《국새》(이봉원 지음), 다큐멘터리 디비디(1999년 8월, KBS 광복절 특집)와 종이책으로 똑같이 나온 '대한민국 임시정부 바로 알기'(이봉원 씀)를 봐야 했지만, 그 가운데서 '국새'를 한 번, 디비디를 두 번 본 채 인천 공항에 갔다.

"딸아, 고마워. 네가 내 자리 지켜주는 덕에 엄마가 여행 간다. 얼라들과 잘 놀고 있그라이~"

역사 퍼즐 맞추기와 세계지도 퍼즐 맞추기를 나처럼 좋아하는 딸과도 함께 가고 싶었지만 딸은 남아서 엄마 일을 대신 하는 쪽을 택했다. 출국 순서를 기다리는 줄에 섰을 때, 이봉원 님한테,

"단장님, 모르고 신청서 냈지만 예습하다 보니 단장님은 영화감독이시네요? 그래서 제 딸을 꼭 데려오고 싶었는데 그 애가……."
 (혼잣말처럼 이봉원 님이) "엄마를 보니 알겠다!"
'헐! 그 말이 아닌데…….'

딸은 영등포 하자 작업장학교에서 영상 제작을 전공하고 대학에서 매체 예술을 공부하고 있다. 나는 딸이 영화감독 지도를 받기를 바랐다는 말을 하려 했는데, 아마도 딸을 영화배우 시키고 싶어 환장한 엄마로 본 것 같았다. 하여간에 나까지 포함하여 나이든 사람들이란 너나할 것 없이 자신보다 어린 사람들의 말을 자르는 못된 습성이 있는

것 같다. '하긴 이 나이에도 이쁜 내가 잘못이지 단장님이 무슨 잘못이 있겠나. (호호)'

 출발할 때는 사실 부족한 역사 공부를 다소 채운다는 가벼운 마음과 일상 탈출 기대가 반반쯤? 그런데 10박 11일 동안, 버스에서 해설자와 역사학자들이 풀어준 관련 이야기를 들으며 나는 점점 작아졌다. 근래 들어 기억력 급감 사태를 경험하고 있던 터이긴 하지만 모르는 게 왜 이렇게 많은 거야! 모르는 게 많은 채로 들으니, 새로 듣는 이야기는 거의 귀에 들어오지 않았다.

 버스에서 내려서 우리는, 길게는 13년간을 머물렀던 상하이 시대부터, 중일 전쟁 소용돌이 속에서 상황이 긴박하여 한 집에서 짧게는 한두 달, 길어 봐야 여섯 달밖에 머물지 못하고 다시 짐을 싸야 했던 광저우, 류저우 피난 시절 현장들을 둘러보았다.

 그래도 나라의 자주 독립 의지만은 끝까지 꺾지 않았기에 우리를 그 자리에 서게 하신 선열들이 살았던 그 집, 그 청사, 그 피난처 긴급 대피 통로 앞에 서서 해설을 되풀이해 들었을 때는, 그때 그들 마음이 그대로 내게 이식되는 듯 저렸다.

 그런데 그 초라한 자취마저도 점차 전반적인 개발이 진행되는 중국 현실에서 사라져 가고 있음을 확인했을 때 안타까움이란! 지금까지 십여 년에 걸쳐 서너 번씩 현장을 찾아가 고증해 내기까지 이봉원 님 노고는 또 얼마나 컸을지에 마음이 닿고 보니, 우리 여행이 더 값지게 느껴졌다. 여정 마지막 목적지였던 충칭 연화지 청사에서 이봉원 님 눈물을 보며 답사 대원들 마음도 하나가 되었다.

 이 여행 복습 장치인 소감 쓰기를 하자니 보충학습이 필요하여 '아리랑'을 읽었다. 읽는 내내 나는 다시 가슴이 꽉 막혔고 곳곳에서 눈물을 찍어내야 했다. 우리가 갔던 곳 중 중국 공산당과 관련된 곳은 왜 간 거지? 그에 대한 답이 이 책에 있었다. 1937년에 김산(본명 장지락)이 구술하고 미국 작가 님 웨일즈가 정리하여 세상에 알린 그의 삶 속에는, 광복군 독립군가인 '압록강 행진곡의 노랫말 가운데 한 구절인 '진주 우리나라 지옥이 되어, 모두 도탄에서 헤매던' 동포들의 모습, '원수한테 밟힌 꽃포기'들의 실상도 처절하게 그려져 있었다. 그리고 일본 만주 중국 각지에서 공산주의 혁명을 통해 조국 광복을 이루려다 스러져간 수많은 김산이 있었다.

 조국 독립에 대한 신념으로 똘똘 뭉쳐 32년 짧은 생을 혁명가로서 불꽃처럼 살다 간 김산을 만난 나는 감동과 함께 적잖이 당혹스러웠다. 반공을 제1국시로 삼고 반 세기를 넘겨 온 대한민국 체제에서, '대한민국의 영토는 한반도와 그 부속 도서로 한다.'면서도 반쪽짜리 역사 공부밖에 할 수 없어서 여행 내내 갈수록 작아졌던 나.

 이제 동아시아 근현대사에 대한 궁금증을 풀기 위해 바빠질 것 같다. 그 공부 속에서 대한민국임시정부 존재와 김구 선생의 삶, 임시정부 가족들 희생이 얼마나 값진 것이었는지, 역사 바로 세우기는 왜 시급한지에 대해 주변에 전하는 내 목소리에도 힘이 들어갈 것이다.

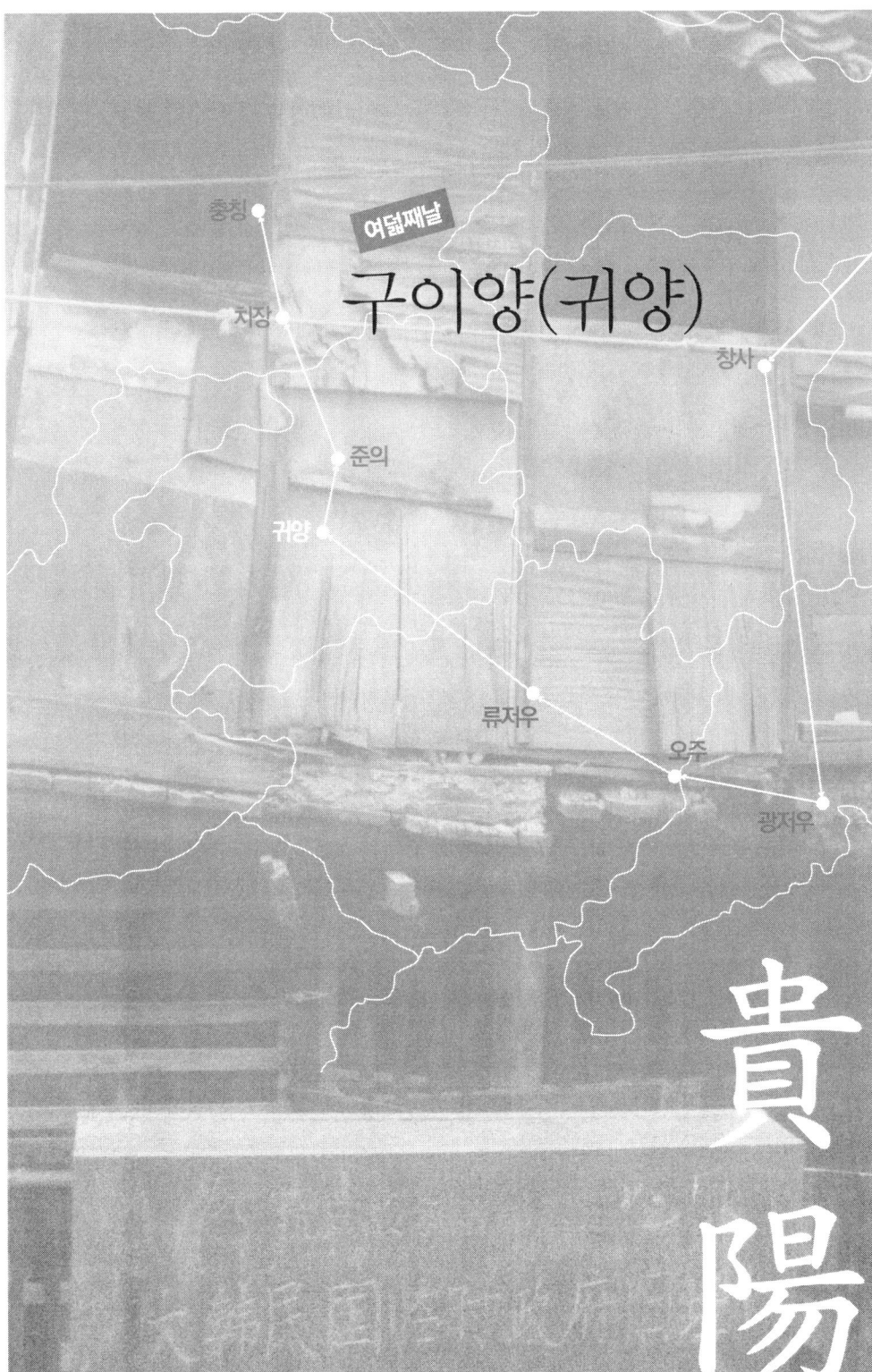

구이양은 구이저우(貴州 귀주)성 성도이다. 연평균 기온이 약 15℃로 여름에 덥지 않고 겨울에 춥지 않아 사람이 살기에 아주 좋다. 구이저우성은 쓰촨성과 맞붙어 있다. 이 귀주에는 다양한 소수민족이 살았는데, 청나라 시대에 들어와 본격적으로 한족(漢族)이 들어왔다. 지금도 부이족(布依族 포의족), 먀오족(苗族 묘족), 좡족(壯族 장족) 자치주가 있다.

관광지로는 생태공원인 분재원, 자연이 빚은 정원 천성교, 세계 3대 폭포 황과수 폭포, 야시장, 마링허 협곡, 만봉림, 묘족 집단촌 등이 유명하다. 소수 민족 축제가 다양하게 열려 관광객이 많이 온다.

검령산 홍복사

광활한 중국 대륙은 움직였다하면 예닐곱 시간은 기본이며 짧은 거리라 하더라도 서너 시간이 보통이다. 1938년 당시 임시정부 피난 가족을 태운 낡은 버스 여섯 대는 서고 멈추기를 거듭하면서 우리가 침대칸에서 편안한 잠을 자던 그 길을 닷새를 달려 구이양(귀양)에 도착했다.

임시정부 가족들이 구이양에 들른 것은 최종 목적지인 중경을 향해 가던 길이었다. 대식구들은 이곳에서 여비가 떨어지자 옴짝달싹 못한 채 충칭(중경)에 가 있는 김구가 여비를 보내줄 때까지 머물러야했다. 그 기간은 대략 사나흘 간이었다. 돈은 떨어지고 마음은 천근만근 무거울 때 식구들이 찾은 곳이 쳰링산 홍푸사(黔靈山 弘福寺 검령산 홍복사)

홍복사 절문.

였다. 나라 잃은 것도 서러운데 타향에서 돈 마저 떨어져 버려 오도 가도 못하는 처지에서 부처님의 온화한 미소는 이들의 마음을 녹여 주고도 남았을 것이다.

홍복사는 제법 규모가 큰 절이었다. 몇몇 이끼 낀 가람은 임시정부 가족들이 들렀을 당시 건물처럼 낡아 보였다. 절은 컸지만 우리가 까만 기와의 고즈넉한 산사를 보고 자란 탓인지 어딘가 차분한 느낌이 들지 않았다. 절을 찾는 신도도 크게 눈에 띄지 않아 다소 황량한데, 우리 일행 때문에 잠시 북적거렸다. 대웅전 앞 커다란 향로에는 몇몇 신도들이 양손 가득 향을 사르고 있었다.

검령산 정상에 오를 때는 케이블카를 탔다. 그리고 중턱에 있는 홍복사를 찾아 작은 산길을 걸어 내려왔다. 이곳이었을까? 저곳이었을까?

임시정부 피난 가족들이 초조한 마음으로 피난 여비를 기다리며 발목이 묶여 있었을 모습을 떠 올려 보았다. 홍복사 경내로 내려가는 오솔길에 낙엽이 쌓였다. 그때도 이렇게 낙엽이 수북하게 쌓여 있었을까?

서울 남산 크기보다 낮아 보이는 검령산은 '검은 색 영산'으로 알려져 검령산으로 불리운다. 홍복사는 청나라 강희제 집권기인 1672년에 적송화상(赤松和尙)이 지은 절로 임제종(臨濟宗)파이다. 임제종은 중국 불교 선종 5가(家)의 한 줄기이며 홍복(弘福)이란 널리 중생들의 복이 시작과 끝이 없을 정도로 무한하게 이르라는 뜻에서 지은 이름이다. 버스 6대에 피난 짐을 싣고 떠나다가 여비가 떨어져 주저앉은 구이양을 사흘만에 뜰 수 있었던 것은 중생들의 복을 빌어 준다는 홍복사 부처님 덕이었는지 모른다.

경내를 돌다 산 아래로 걸어 내려오는데 한 무리 원숭이 떼가 도로로 뛰어든다. 평소 사람들이 먹거리를 건네주었는지 사람을 무서워하지 않고 살갑게 다가온다. 그 중 한 마리는 어린 새끼를 꼬옥 가슴에 안고 있어 단원들의 카메라 세례를 받았다. 어미의 심정이란 동물 세계에도 엄연히 존재하는 우주 질서임을 순간 느껴본다. 하물며 피난길에 어린 자식들의 헐벗고 배고픔을 지켜보던 부모 심정은 오죽했을까?

"하루는 김구 선생이 들어오셔서 애는 왜 이렇게 울고 앉았어? 라고 하시자 우리 어머님 말씀이 철없는 것이 먹고 살기도 힘들고 아버지 병이 나서 약값도 힘든데 졸업식이 뭐 대단하다고 졸업식에 헌 옷 빨아 입고 가라니까 서럽게 울고 있는 거예요. 그러자 다음 날 김구 선생님은 돈 1원을 두고 가시면서 "윤신이 옷 한 벌 해주세요. 라고 하셨다"고 독립운동가 최중호 님의 따님이신 최윤신 할머니(1917년생)는 증언하였다. (《대한민국임시정부 바로알기》, 이봉원, 정인출판사, 2010)

 졸업식 선물로 새 옷 한 벌을 장만해 주신 김구는 그 어린 꼬마가 백발이 성성한 할머니가 되어도 잊지 못하는 추억으로 가슴 속에 뜨겁게 남아있었다. 독립을 이해하기에는 아직 어린 소녀에게 김구는 '꿈에도 그리던 새 옷 한 벌'을 안길 만큼 인정이 넘치는 분이셨다. 그런 김구이기에 구이양에서 여비가 떨어진 독립군 가족을 돕기 위해 백방으로 뛰어 마련한 돈을 보내 이들이 다음 목적지인 치장을 향하게 할 수 있었던 것이다.
 상하이를 떠나 항저우, 전장, 창사, 광저우, 류저우, 치장 등으로 떠돌던 임시정부는 길어야 반년 짧게는 한 달 남짓을 한 곳에서 머물렀는데 구이양에서 3일은 이례적인 것이었다. 만일 이때 돈이 늦게 도착했다면 또다시 주저앉을 판이었을 테니 말이다. 충칭에서 김구가 보내 온 여비로 쓰촨성 치장으로 떠난 대식구들 장정대로 우리 답사단도 구이양에서 하룻밤을 보낸 뒤 답사 아흐레를 맞아 새벽같이 호텔을 빠져나왔다.

 물살이 너무나 세어 옛날 초패왕도 이 강을 건너지 못했다는 오강(烏江)을 우리는 전세버스로 건너며 우리는 이청천(이청천) 장군 따님 증언을 떠올렸다. "조경한 선생이 아! 옛날 초패왕이 물살이 너무나 세어 못 건넜다더니 절말 물살이 세구나"라고 했다던 말씀 말이다. 그러나 답사단은 매우 쉽게 오강을 건넜다. 튼튼한 시멘트 다리 위를 달리며 저 멀리 오강 물살을 바라다보았다. 흐르는 강물은 말이 없었고 세월만 무심코 지나갔다. 좋은 세상을 보지 못하고 어렵고 힘든 세상을 살다간 선열들을 떠 올리니 또 가슴 저 밑에서 뜨거운 감정이 북받쳐 올랐다. (이윤옥 정리)

기린동

홍복사와 붙어 있는 첸링산공원(黔靈山公園 검령산공원)에 있는 동굴 이름인데, 동굴 안쪽에 있는 종유석이 기린처럼 보인다고 하여 붙인 이

장학량, 양호성이 갇혀 지내던 숙소.

름이다. 장제스(장개석)가 서안사건을 일으킨 장쉐량(張學良 장학량)과 양후청(楊虎城 양호성)을 8년 동안 가둔 곳이다.

서안 사건이란 1936년 장학량과 양호성이 자기 상관인 장제스를 감금하고 국민당과 공산당이 힘을 합하여 일본과 싸울 것을 요구한 사건이다. 장제스는 감금에서 풀려난 뒤 공산당을 인정하고 공산당과 공동으로 항일 투쟁에 나섰다.

그러나 서안 사건 책임을 물어 장제스는 장학량과 양호성을 체포하고 가두었으며, 지휘권을 박탈하였다. 그러다 양호성은 1949년 살해되었고, 장학량은 장제스가 타이완(대만)으로 옮겨 갈 때 끌려가 1990년까지 연금되었다가 그 이후 풀려난다. (한효석 정리)

천하담

선열 발자취를 따라나선 사적지 답사는 일반 관광하고는 달라 그 역사적 의미를 새기지 않으면 너무나 '별볼 것' 없는 여행이다. 이제는 아무런 흔적도 남지 않은 장소에서 안내원 설명을 들으며 예전 모습들을 모두들 각자 머릿속에서 영상으로 만들어 상상하고 아쉬운 발걸음을 돌리곤 했다. 그런 '별볼 것' 없는 장소들을 찾아다니며 설명 듣고 사진 찍고 하는 우리들이 중국인에겐 '볼거리'였고, 우리들은 중국 서민생활 구석구석이 또 다른 '볼거리'이기도 했다.

그래도 임시정부 유적지를 오가는 길에 들른 항저우 용정차 차밭, 여행 끝무렵 류저우(유주) 기념관 옆에 있는 어봉산(魚峰山) 공원, 구이양

천하담

의 천하담(天河潭), 여행 마지막 날 충칭의 조천문(朝天門)과 홍애동(洪崖洞)을 관광할 수 있었다. 그리고 우저우(梧州 오주)에서 류저우(柳州 유주)로 이동 중에 우리나라 마이산 같이 생긴 계림 풍경을 본 것도 즐거웠다.

천하담은 구이양 남쪽 24킬로미터 화계구에 있다. 천하담을 가는 길은 전혀 명승지를 가는 느낌이 없어 그저 사람이 빠져나간 냉랭한 시골길을 가는 것 같았다. 명승지 가는 길이라면 그래도 무슨 '암시'라도 좀 있어야 하는데, 도무지 '이런 곳에 무슨 명승지가 있을까?' 하는 의심스러운 마음으로 1시간 정도를 툴툴거리며 버스가 달렸다.

그런데 사람 그림자도 없고 단지 관광지 주차장 화장실이 최신식이라서 무슨 호텔 대기실에라도 온 듯하였다. 그런데 놀랍게도 천하담 들어가는 곳에 중국 명승지 등급을 나타내는 A가 4개 붙어 있었다(國家 AAAA級 旅遊景區). 5개는 중국 명승지 1등급을 뜻한다.

도대체 어디에 A를 네 개 받을 만한 경치가 있는지 우리는 궁금했다. 셔틀버스를 타고 시시한 출입문을 벗어나 드디어 목적지에 도착하였을 때 우리 모두는 '와!!!' 함성을 질렀다.

산 정상에 엄청난 호수가 있는데, 가파른 계단을 내려가야 배를 탈 수 있는 선착장이 있었다. 말하자면 산 정상에서 오목한 산 안쪽 선착장을 내려다보는 것만으로도 대단히 아름다웠다.

천하담 풍경 구역 전체 면적은 15평방킬로미터인데, 전체를 다 둘러보지는 못하고 물 동굴, 석회암 동굴을 둘러봤다. 한 배에 10명씩 나눠 타고 물 동굴 안으로 들어갔다. 밖에서 보기엔 그 진가를 몰랐다고 해야 좋을 것이다.

좁은 물동굴 입구를 지나 우리를 태운 배가 스르르 이 세상과 이별하고 동굴 안으로 들어오자 동굴 안은 밖보다 훨씬 넓은 세계였다. 산속 석회암과 큰 시냇물과 호숫물이 만나 별별 모양을 다 만들었다. 물 동굴을 유람하자니 풍진 세상을 떠나 자연과 하나 된, 몰입 경지에 모두들 자신까지 잊고 있는 것 같았다.

물동굴을 관광한 후엔 석회암 동굴을 보았다. 석회암 동굴은 한국에서도 볼 수 있는 동굴이라 먼저본 물 동굴보다 신비감이 떨어졌지만, 그래도 아주 규모가 큰 동굴이라서 끝이 없는 것 같았다. 다양한 모양에 여러 색깔 조명을 덧보태 신비함이 더 돋보였다. 어떤 곳은 우리가 빙 둘러서서 독립군가를 불러도 좋을 만큼 넓은 곳도 있었다. (조영숙 정리)

우리 민족의 대장정은 승리한다

박해전

사람일보 회장, 〈노무현 대통령〉 지은이, 〈6.15 공동선언 실천 남측위원회 공동대표〉. 우리 겨레는 6.15 자주통일과 10.4 평화번영을 이루어 행복을 누리리라는 믿음을 안고 산다.

우리 민족의 고난과 투쟁, 승리 역사를 가슴 깊이 새겨보는 여행이었다. 나는 2011년 1월 열흘 동안 중국에서 상하이 임시정부 독립운동의 자취를 답사하는 기행을 했다. 이 역사 기행은 2010년 8월 일본 각지를 돌며 우리 겨레의 일제 징용 피해현장을 참관한 나에게 다시금 1910년에서 현재까지 식민에서 분단으로 이어진 현대사를 폭넓게 성찰하는 계기가 되었다.

나는 먼저 이번 중국 여행 기간 내가 겪은 반인륜적 고문 조작 국가범죄의 근원과 그 해결의 길이 무엇인지 숙고하면서 나의 운명은 우리 민족의 역사와 떼어놓을 수 없는 관계에 있음을 절감했다. 1980년 5월 전두환의 광주 학살을 규탄하다가 나는 '아람회사건' 주동자로 고문 조작되어, 2009년 5월 21일 서울고법 형사 재심에서 무죄 판결이 나오기까지 '반국가 단체' 사슬에 묶여 고통을 겪었다.

어찌하여 민주주의와 평화통일을 염원한 내가 일제 치안유지법을 모태로 한 국가보안법에 묶여 캄캄한 지하실에서 모진 고문을 받고 '무덤 없는 주검'의 세월을 살아야만 했던가. 우리 사회가 일찍이 일제

고국의 분단을 막고자 38선을 넘는 김구 일행(1948년 4월 19일)

식민과 분단의 역사를 청산했더라면 '아람회사건'은 물론, 최근 재심에서 고문 조작으로 판명된 '인혁당사건'과 '민족일보사건' 등 국가보안법을 도구로 한 국가범죄도 없었을 것이다.

상하이에서 충칭까지 김구와 임시정부의 행적을 따라가면서 머나먼 이역에서 망국노 설움을 안고 일제 침략에 맞서 조국 자주 독립을 위해 오랜 세월 굴함 없이 싸운 애국 열사들의 숭고한 삶을 되새겨보았다. 삼천리 금수강산을 그리며 조국과 민족을 위해 극한 상황에서 풍찬노숙하며 목숨을 바친 애국자들이 없었던들 오늘의 역사와 우리는 존재할 수 없다.

물론, 대한민국 임시정부가 독립 운동의 전부는 아니며, 임시정부와 무관하게 중국에서 활동한 애국자들도 많다. 그 중에는 님 웨일즈가 1937년 여름 옌안에서 장지락을 만나 쓴 '아리랑'의 김산도 있다.

김산(본명 장지락)은 이 책에서 1927년 광둥 코뮌 봉기에 조선인 200명이 참가했고, 많은 사람들이 조국의 광복을 위해 싸우다 희생되었다고 밝혔다.

이를 바탕으로 한국방송공사 텔레비전은 2005년 7월 '나를 사로잡은 조선인 혁명가 김산' 제목의 특집 다큐멘터리를 방송했고, 정부는 같은 해 8월 김산에게 건국훈장 애국장을 추서했다.

《아리랑》의 저자는 김산이 조선인 의용군들과 함께 활동하기 위해 만주로 갔다는 소식을 간접적으로 들은 적이 있다고 썼다. 만주와 북간도는 일제 강점기 우리 민족의 항일 독립 전쟁 주무대였다.

대한민국 임시정부는 일제 식민과 한일합방의 불법성을 웅변하는 독립운동에서 한몫했지만, 참여인사들 노선은 당시부터 비판을 받았다. 신채호는 1923년 중국 베이징에서 집필한 〈조선혁명선언〉에서 임시정부의 '외교론'과 '준비론' 같은 독립운동 방략을 통렬히 논박했다. 그것은 독립이란 쟁취해야 한다는 진리를 외면하며 독립투쟁의 과감한 실천을 포기하는 패배주의에 지나지 않는다는 것이다.

신채호는 이승만을 중심으로 한 외교론자들에 대해, 독립운동을 한다면서 총 한 방 쏘지 않고 편지질이나 하고 국가존망 민족사활의 대문제를 외국인 처분으로 기다리는 세력이라고 질타했다. 이승만은 무력투쟁을 반대하고 독립은 반드시 열강 특히 미국의 동정과 지지로 이루어져야 한다는 주장을 굽히지 않았다.

또 신채호는 안창호 같은 준비론자들도 성토했다. 만주 일대에서 독립군들이 청산리 봉오동 전투 등 혈전을 벌이고 있는데, 힘을 길러 차

후에 독립하자며 준비론을 외치는 것은 패배주의로 시작해 일제 식민통치를 인정하는 착오적 잠꼬대가 될 뿐이라는 것이다.

이런 맥락에서 임시정부가 중국에서 일제에 맞서 항일 독립 운동을 하는 동안 부패한 장제스 반공정권의 도움을 받으면서, 대중의 지지를 받는 마오쩌둥 혁명세력과 폭넓은 연대를 이루지 못한 점, 1945년 미군정 하에 임시정부 요인들이 자주독립을 내걸었던 중국 근거지를 정리하고 개인 자격으로 귀국한 점도 임시정부의 한계로 지적된다.

김구의 생애에서 가장 빛나는 공적은 1948년 4월 19일 민족의 분단을 막기 위해 목숨을 걸고 김규식 등과 함께 3·8선을 넘어 평양에서 진행된 남북 제정당사회단체 대표자 연석회의에 참가한 것으로 평가된다. 김구의 남북협상 제의를 북측이 수락해 성사된 이 연석회의에서 남과 북의 지도자들은 8·15 이후 처음으로 한자리에 모여 미국과 이승만이 주도한 3·8선 이남의 단선 단정을 반대하고 통일국가 수립을 결정했다.

김구는 1948년 2월 10일, 당시 이승만과 한국민주당 세력 등에 의해 단독정부 수립의 가능성이 높아지자 이에 저항하는 뜻에서 남북회담을 제안하며 〈삼천만 동포에게 읍고함〉을 발표했다. 이 글에 담겨 있는 아래와 같은 문장은 김구의 우국충정을 잘 말해준다.

통일하면 살고 분열하면 죽는다는 것은 고금의 철칙이온데, 자파 세력의 연장을 위해서 민족 분단의 연장을 획책하는 것은 온 민족을 죽음의 구렁 속에

빠뜨리는 극악무도한 짓이노라. 단독정부를 중앙정부라 이름하여 자기 위안을 찾으려 하는 것은 미 군정청을 남조선 과도정부라 부르는 것과 조금도 다름이 없는 것이다.

삼천만 동포 자매형제여, 지금 나의 하나뿐인 염원은 삼천만 동포와 손잡고 통일정부를 세우는 일에 공동 분투하는 일이다. 조국이 원한다면 당장에라도 이 한 목숨 통일제단에 바치겠노라. 나는 통일정부를 세우려다가 38선을 베고 쓰러질지언정 일신의 구차한 안위를 위해서 단독정부를 세우는 일에는 가담하지 않겠노라.

우익 반공의 길을 앞장서 걸어왔던 김구는 이렇게 생애 마지막 시기 민족의 통일을 위해 온몸을 던짐으로써 사상과 이념, 제도를 초월하여

쭌이 사적지에 있는 대장정 당시 공산당 지도부 회의 모습

남북이 연대 연합하는 민족대단결운동의 사표가 되었다.

나는 이번 여행 중 중국 혁명의 활로를 연 쭌이 회의 사적지를 방문하고 깊은 인상을 받았다. 마오쩌둥의 장정 시비가 눈길을 끄는 그곳은 중국 혁명이 어떤 길을 걸어 승리했는지, 역사 발전에서 과학적 세계관과 국제정세 인식, 운동 이론과 실천에 기초한 올바른 노선이 얼마나 중요한지를 일깨워준다. 장제스 국민군에 밀려 1934년 10월 강서성 서금 근거지를 떠나 절체절명 위기에 처했던 홍군은 1935년 1월 쭌이 회의에서 마오쩌둥이 제시한 장정 노선을 채택함으로써 승리의 전환점을 마련했다.

마오쩌둥이 이끄는 혁명군은 금사강을 건너고 대설산을 넘어 1935년 10월 무사히 옌안 근거지에 도착했다. 장정에 성공한 이들 혁명 세력은 이후 승승장구하여 장제스 국민당을 물리치며 중국 대륙을 석권하고 마침내 1949년 10월 1일 베이징 천안문에서 중화인민공화국을 선포했다. 이로써 1840년 아편 전쟁을 시작으로 100여 년간 끊임없이 서구 열강의 침략에 시달려온 중국사에 새로운 장이 열렸다.

우리 민족은 지난 한세기 식민과 분단으로 사상 유례없는 고난을 겪었지만, 이를 극복하기 위한 자주 민주 통일의 한길로 전진하며 중국의 장정을 능가하는 위대한 역사를 창조해왔다. 특히 2000년 6·15 남북공동선언과 2007년 10·4 남북관계 발전과 평화번영을 위한 선언은 민족자주와 조국통일의 대장정이 가까운 시일 안에 반드시 승리할 것임을 온 세상에 알린 것이다.

우리 겨레의 6·15 자주통일 10·4 평화번영 선언에는 중국에서 자주독립을 위해 싸운 수많은 항일 애국열사들과 조국통일을 위해 목숨을 바친 김구를 비롯한 통일 애국열사들의 숭고한 뜻이 고스란히 담겨 있다.

내가 '아람회사건'의 굴레를 벗고 전두환 5공을 고문조작 국가범죄 정권으로 단죄하게 된 것도 이런 애국 선열들의 정신을 계승한 우리 사회의 민주주의 발전과 과거 청산 운동 덕분이다. 나는 중국 여행을 마치고 상하이에서 김포로 돌아오는 비행기에 올라 마음 속으로 〈6·15 10·4 아리랑〉을 부르며 우리 겨레의 행복한 미래를 그려보았다.

아리랑 아리랑 아라리요
아리랑 고개로 넘어간다
6·15공동선언 통일의 길을
우리 민족끼리 활짝 연다

아리랑 아리랑 아라리요
아리랑 고개로 넘어간다
저기 저 산이 백두산이라지
민족의 자주로 찬란하다

아리랑 아리랑 아라리요
아리랑 고개로 넘어간다

저기 저 산이 한라산이라지
평화의 세계로 나아간다
아리랑 아리랑 아라리요
아리랑 고개로 넘어간다
10·4공동선언 조국의 번영
우리 민족끼리 꽃피운다

　우리 겨레는 식민과 분단의 잔재를 털고 6·15 자주통일과 10·4 평화번영 선언을 완수할 것이다. 남과 북, 해외 동포들은 그날 국가보안법과 고문조작 국가범죄가 없는 세상에서 모두 위대한 우리 민족의 아들딸로서 마음껏 행복을 누릴 것이다. 우리 민족의 조국통일은 21세기 인류자주와 세계평화의 금자탑으로 영원히 빛날 것이다. 우리 민족의 대장정은 승리한다.

아직도 드넓은 중국 땅에서
긴 그림자를 드리우고 서성이셨다

홍소연

백범 기념관 자료실장. '청년 백범'의 일원으로 방학 중에 초등학생을 대상으로 '어린이 백범학교'를 운영한다. 백정범부들의 힘으로 백범학교를 만들려고 준비하고 있다.

  2009년에 '대한민국 임시정부 사적지 연구회'를 만들 때, 이 모임 회장인 이봉원 님이 권하여 나도 참여하였다. 그리고 모임 초기부터 임시정부 전체 노정을 답사하기 위하여 노력하였으나, 삼만 리나 되는 거리를 한 번에 돌아보는 여정은 그리 쉬운 일이 아니었다.

  나는 2002년 백범기념관 개관에 필요한 자료를 수집하러 상하이, 자싱, 하이옌, 항저우, 충칭을 부분적으로 다녀온 적이 있다. 그때 감동은 지금도 마음과 머리에 남아, 그곳 이야기만 나오면 《백범일지》와 버무려 마음속으로 영화 한 편을 찍는다. 그런데 이번에 임시정부 전체 노정을 다녀오게 되었으니 앞으로 2편, 3편 계속해서 영화를 찍을 수 있을 것이다.

  이 답사에는 다양한 분들이 참여하였으나, 이호헌 선생님(경기도 화성에서 3·1독립만세운동 때 순국하신 이정근 선생님의 손자)을 **빼고는** 대부분 독립운동과 직접 관련이 없는 분들이다. 그야말로 백범(백정 범부)들이다. 김구 선생님이 '백정 범부들이 나만큼 나라를 사랑해야 완전한 독립 국민이 되겠다'고 하셨는데, 이번 답사를 시작으로 우리는 김구 선생님의 생각과 삶을 따라잡기 시작하였다.

대한민국 임시정부 27년은 상하이에서 13년, 중국 대륙을 이동하면서 8년, 충칭에서 5년을 옮겨 다닌 고난과 인내의 연속이었다. 모든 시기가 어렵고 힘들었지만, 그 가운데서도 이동시기가 가장 심했다. 상하이나 충칭에서와는 달리, 잠시라도 몸과 마음을 내려놓지 못하고 늘 떠날 준비를 해야 했기 때문이다.

우리가 처음 방문한 상하이 프랑스 조계 거리에서 선열들의 긴 그림자가 우리들을 기다리고 있었다. 3·1운동의 기운을 받아, 우리나라 역사에서 처음으로 '국민이 주인'이 되는 '대한민국'을 세우려고 독립운동가들이 힘차게 오가고 있었다. 보경리 청사에서 김구 선생님은 아들에게 유서를 대신하여 《백범일지》를 쓰고 계셨다.

김구 시계

윤봉길 시계

이봉창 의사는 일왕에게 폭탄을 던지겠노라며 일본인 행색으로 임시정부 청사 문을 두들겼다. 윤봉길 의사는 홍구 공원으로 떠나기 전에 자기 비싼 시계를 내놓으며 김구 선생님 싸구려 시계와 바꾸자고 하였다. 그리고 주머니 잔돈까지 꺼내놓자 김구 선생님은 나중에 지하에서 만나자고 울며 약속하였다.

자싱과 하이옌에서 임시정부 요인들과 김구 선생님이 우리 답사단을 반갑게 맞아주셨다. 이봉창 의사와 윤봉길 의사의 숭고한 희생으로 갇혀 지내던 상하이를 벗어나 이곳 산수를 돌아보면서, 앞날의 고난을 이겨내려고 힘을 기르고 계신다고 하였다.

난징에서 우리가 다시 만났을 때 김구 선생님은 일본에 대항하여 무력을 양성하기로 장제스와 약속하였다고 환하게 웃으셨다. 우리 청년들을 중국 군관학교에 보내 교육시킬 수 있다고 좋아하셨다.

광저우에서 우리는 젊은이들을 만났다. 우리나라 독립을 위해 황포군관학교와 중산대학에서 열심히 공부하는 젊은이들이었다. 모두 고국에 두고 온 부모형제를 그리며, 하루빨리 일제를 물리치고 고향으로 돌아갈 생각에 배고픔도 잊고 있었다.

1937년 7월 중일전쟁으로 일제가 중국 땅으로 밀고 들어오자 우리 임시정부 100여 명 대가족도 난징에 모여 충칭으로 이동하기 시작하였다. 이때 창사에서 김구 선생님이 '조선놈이 쏜 왜적의 탄환'을 맞았다. 중국인 의사는 가망이 없다고 포기하였다. 상아병원 문간에서 누인 채로 돌아가시기만 기다렸다. 하지만 왜놈들을 눈앞에 두고 선생님이 이국에서 눈을 감을 수 없었다. 선생님은 총알을 가슴에 품은 채 기적처럼 일어나셨다.

　광저우를 지나 불산에서 임시정부 대가족은 일본군 폭격 소리를 들으며 기차에 올랐다. 우저우로 갈 때 일본군이 비행기로 폭격하면 기차에서 뛰어내려 사탕수수밭 속으로 숨어야 했다. 하와이와 미주, 멕시코, 쿠바 사탕수수밭에서는 독립자금이 걷혔는데, 중국 사탕수수밭에서는 임시정부 백여 명 가족이 비행기 총알을 피해야 했다.

　치장에서 이동녕 선생이 돌아가셨다. 일생을 자기만 못한 동지를 도와 앞에 내세우셨던 분이었다. 김구 선생 어머니가 중국인들이 버린 야채를 주워 담근 우거지김치를 같이 먹으며 임시정부를 지켜온 스승이자 동지였다. 한 해 전에 그 어머니가 돌아가신 탓인지, 초췌해진 김구 선생님의 모습을 우리는 차마 마주할 수가 없었다.

가장 가슴 아팠던 사적지. 치장 화평로 임시정부 청사. 백범은 이곳에서 《백범일지》 하권을 썼다.

임시정부는 중국 임시수도인 충칭에 도착해서야 정부체제를 갖춰 활동하였다. 충칭에는 세계 각국의 대표가 운집해 있었다. 임시정부는 한국광복군을 창설하는 자리에 각국 대표들을 초청하여 독립운동의 포부를 밝혔다. 그리고 중국군, 영국군, 미군과 합동으로 인도와 버마, 중국의 곳곳에서 일제에 맞서 싸웠다.

드디어 미군과 합작으로 광복군을 국내로 들여보내기로 하였다. 훈련을 끝냈고 조국이 손에 닿을 듯했다. 그 찰나에 일본이 무조건 항복하였다. 그러자 일본군을 무장 해제한다고 북쪽으로는 소련군이, 남쪽으로는 미군이 우리 땅을 점령하였다. 일본이 항복하기 전에 우리 광복군이 국내에 들어가 우리나라 땅을 밟았더라면, 우리의 역사는 달라졌을 것이다.

김구 선생님이 눈물을 흘리셨다. 수십 년간 일제와 싸워 조국을 찾겠노라고 애써 노력한 것이 허사가 되는 것 같았다. 새로운 외세 때문에 다가올 일을 걱정하셨다. 우리도 같이 울었다. 우는 것밖에는 더 할 것이 없었다.

우리 답사단은 10박 11일 동안 대한민국임시정부의 사적지 전 노정을, 출정식에서 우리가 간절히 원했던 것처럼, 독립운동에서 우뚝 솟았던 분들과 함께 답사하였다. 그분들은 독립운동의 역사를 우리에게 피와 눈물로 들려주셨다. 그 길은 고난의 가시밭길이었지만, 우리에게는 자존과 희망의 길이었다.

하지만 그분들은 그리운 조국으로 돌아오지 못하고 있었다. 아직도 드넓은 중국 땅에서 긴 그림자를 드리우고 서성이셨다. 남과 북으로 갈라진 낯선 조국, 어디로 가야할지 모르겠다고 하셨다.

쭌이는 구이저우(귀주) 성 북쪽에 있는 도시이다. 구이양(귀양)과 160킬로미터 떨어져 있다. 옆에 있는 쓰촨성으로 가는 길목에 있으며, 지금은 공업 도시로 자리잡았다.

쭌이 회의장

중국 공산당 역사에서 큰 비중을 차지하는 쭌이 회의장은 생각보다 크지 않았다. 전시관 빼고 오직 회의장만 봤을 때, 이곳에서 중국 역사가 바뀐 사실에 비하면 그다지 크지 않다고 생각했다. 딱히 작지도 않고 넓지도 않은 방에 허름한 탁상과 나무로 된 의자 몇 개가 다였다.

쭌이 시가 모습. 승용차 옆으로 젊은 남자들 등에 진 바구니가 새롭다.

마오쩌둥이 쓴 '성성지화 가이요원' 글.

그리고 보니 위대한 역사 탄생은 늘 작은 공간에서 이루어지는 것 같았다. 쭌이 회의도 그렇고, 임시정부 시절에 임정 의원들은 단 한 번도 넓은 곳에서 마음 놓고 회의를 한 적이 없었다. 항상 가슴 졸여가며 비밀스럽게 회의를 진행하면서 일본한테서 벗어나기 위하여 굳게 다진 마음으로 결의에 차있었을 것이다. 그래서 그 작은 공간에서 결국엔 마오쩌둥의 군사적 지위가 확고히 되어 홍군의 승리를 이끌어 냈고, 우리는 대한민국 독립이라는 매우 값진 성과를 얻어낼 수 있었다.

전시관 안에는 당시 회의장 모습, 정치국 위원이었던 박고, 진운, 장문천, 마오쩌둥, 주덕, 주은래와 그 외에 참가한 나머지 사람들이 모여 회의하는 모습을 실물처럼 만들어 놓았다. 마오쩌둥 집무실, 난창(南昌 남창) 봉기 역사, 홍군 2만 5천 리 장정 등. 쭌이에서 회의가 일어나기 전후 상황도 상세하게 정리되었다. 그리고 쭌이 회의장에 오기 전에 봤던 오강 옛 모습도 볼 수 있었다.

이곳저곳 돌아다니다 어느 한 곳에 멈춰 섰다. 마오쩌둥의 친필 '성성지화, 가이요원(星星之火, 可以燎原)'이 눈에 띄었다. 이 말은 '한줄기 불꽃이 온 들판을 뒤덮는다.'라는 뜻으로 1930년 1월 5일 마오쩌둥이 임표에게 보낸 편지에 적혀있던 말이다. 즉, 현재는 비록 힘이 미약하지만 충분히 발전 가능성이 있고 앞으로 매우 빠른 속도로 성장하여 승리를 쟁취할 것이라고 홍군을 두고 말하였다.

이 말에서 홍군뿐만 아니라 우리 민족의 모습도 떠올릴 수 있다. 홍군 2만 5천 리 장정, 임시정부 요인들과 대가족 3만 리 장정. 비슷한 점도 많은 만큼 둘 다 겪은 고난과 역경도 대단했다. 그만큼 그분들의 장정은 굳세고 단단했다. (표슬기 정리)

자료 마오쩌뚱 장정(長征) 시

여행 9일째, 우리는 구이양(貴陽)을 떠나 쭌이(遵義)를 거쳐 구절양장 72굽이 산길을 넘어 치장(綦江)에 도착해야 했다. 김구가 이 길을 넘어간 것은 1939년 봄이었다. 1938년 김구는 5월 창사 남목청에서 이운환이 쏜 총알에 사경을 헤맨 바 있지만, 7월 광저우에서 다시 임정 대식구들을 이끌고 긴 여정을 시작하여, 해를 넘겨 이 고개를 넘는다.

수술 직후 회복되지 않은 몸으로 김구가 먼저 개척하고, 임시정부 대식구들이 뒤따라 간, 이 긴 여정은 강을 거슬러 오르고 산과 고개를 넘는 험난한 것이었다. 너무나 외진 산골이어서 김구가 묘족(苗族)의 가난하고 야만스런 삶을 처음 본 것도 구이양이었다. 그리고 김구 모친 곽낙원 여사가 광시(廣西)지방 풍토병인 인후증(咽喉症)이 발병한 곳도 이동 중인 류저우(柳州)였다. 곽낙원 여사는 결국 충칭에 도착한 직후 세상을 하직하니, 김구와 임정 대가족에게 이 긴 여정은 힘든 과정이었다.

쭌이는 1935년 마오쩌둥이 중국공산당 리더로 확고하게 자리 잡는 쭌이 회의로 유명하다. 회의 장소에 도착하자마자 우리를 맞이한 것은 금박 광초체(狂草體)의 휘황찬란한 거대한 마오쩌둥의 시비였다.

중원을 두고 패권을 겨룬 마오쩌둥과 장제스, 그들은 82년을 같은 하

쭌이 회의장에 들어서면 바로 보이는 마오쩌둥 시비.

늘 아래에서 살았다. 두 사람을 모두 잘 아는 미국 대통령 닉슨은 마오 쩌둥의 서법이 용이 날고 봉황이 춤추는 "용비봉무(龍飛鳳舞)"라면, 장제스의 서법은 아주 엄격하고 정연한 "단정방방(端整方方)"이라고 평한 바 있다.

 동양 서예에 조예가 깊든 미국 대통령으로서는 믿을 수 없을 정도로 정곡을 찌른 평이었다. 글씨는 곧 사람이라든가. 장제스는 황포군관학교 교장으로 공직 생활을 시작하듯 글씨는 엄격한 선생 또는 장교의 모습이되 융통성이나 변화무쌍이 부족하다. 마오쩌둥은 창사 농민운동에서 파란만장한 이력이 시작되듯 풍운이 휘몰아치는 광초(狂草)의 변화무쌍이 있되, 일종 광기를 드러내기도 한다. 쭌이 회의장에서 우리를 맞이한 마오의 저명한 '장정시'를 풀이하면 아래와 같다.

長征詩 一首
紅軍不怕遠征難   홍군은 머나먼 원정 두려워 않노니
萬水千山只等閑   만수천산이 말없이 기다리네
五嶺逶迤騰細浪   높은 산맥 다섯, 개울 건너 듯 지나고
烏蒙磅礡走泥丸   오몽산 드센 기세 진흙덩이 속에 주파하네
金沙水拍雲崖暖   금사강 물줄기는 절벽 끝으로 구름 밀어내고
大渡橋橫鐵索寒   대도하의 쇠줄다리 차기도 한데
更喜岷山千裏雪   기쁘게 만년설의 민산을 만나니
三軍過後盡開顔   군사들 지나고 난 뒤 모두 기쁨의 얼굴이라.
一九六二年 四月 二十日

이 시는 1만 2000킬로미터 대장정을 끝내고 난 1935년 10월에 쓴 것이다. 1934에 시작한 대장정이 위기에 봉착하자 중국공산당은 1935년 1월 쭌이에서 회의를 열어 마오쩌둥의 지도력을 확립하여 결국 대장정에 성공한다. 그러니까 대장정 성공 이후의 감회를 읊어 성공 모태가 되었던 회의장에 세운 것이다.

 이 시는 마오쩌둥의 여러 시들 가운데 대외적으로 가장 먼저 알려진 것이다. 1935년 10월 영국 런던에서 출간된 에드가 스노우의 저명한 저서 '중국의 붉은 별'에 이 시가 수록되었다. 이 책은 이듬해 미국에서도 출간되었고, 중국 상하이에서는 중국어 번역본으로 출간되었다. 마오쩌둥은 건국 이후에도 이 시를 몇 번에 걸쳐 썼는데, 오늘 우리가 쭌이에서 본 것은 1962년 4월 20일자로 이은교(李銀橋)라는 사람에게 써 준 것이다.

 그러니까 마오쩌둥이 42세에 지은 시를 69세에 쓴 것이 바로 이 시비이다. 그래서 내용에는 장년의 호기가 넘치고, 글씨는 만년의 광초체로 되어 있으며, 구두점도 표시되었다. (도진순 정리)

72굽이 길과 루산관

 쭌이에서 치장(綦江 기강)으로 넘어가는 고개, 여기가 바로 구절양장 72고개이다. 이 72굽이 산길은, 중국에서도 유명한 "귀신 구역" 국도이다. 이 길은 쭌이 동자현(桐梓县) 경내에 있으며, 초미(楚米)부터 신역(新站)사이 양풍오산(涼风垭山) 위에 있다. 해발 1450미터에 길이는 12

킬로미터이다. 맑은 날에는 대형 차량이 72굽이를 경유할 때, 한 시간 정도 걸린다. 고속도로에서 충칭 방향으로 가다가, 쭌이를 지난 후, 관파(观坝) 출구에서 고속도로를 나가면, 높고 가파른 산봉우리에 진입한다.

동자현성(桐梓县城)에서 28킬로미터, 72굽이 산길에서 3킬로미터 되는 지역이 아주 위험하고 험악하다. 절벽 구간을 파내서 만든 도로라서, 아직도 벼랑이 도로 위로 나온 부분이 있다. 비에 젖지 않아도 거리에 상관없이 사람을 공포에 질리게 한다. 돌출한 벼랑은 흉악한 얼굴 같기도 하며, 사자가 큰 입을 벌리고 지나가는 차를 삼킬 듯하다.

이 72굽이길은 만봉(萬峰) 사이 오로지 한 길이 있어 한 사람이 만 명을 막을 수 있다는 루산관(婁山關)으로, 1935년 마오쩌둥과 홍군이 넘었으며, 4년 뒤 다시 김구와 임정 대가족이 넘었던 길이다. 기온이 0도 이하면 길이 얼어 넘을 수 없고, 그 날 우리를 안내하던 사람도 한 번도 넘어보지 못했다고 했다. 그래서 우리는 구이양을 떠날 때부터 이 고개를 넘을 수 있을지 내내 걱정하였다. 고개로 접어드니 마침 눈보라 일어 앞을 확인하기 힘들었다. 버스는 서다 가다를 반복하여, 일행은 긴장하고 조용해졌다. 겨우 넘어가고 난 뒤 숨을 돌리며 확인하니, 루산관 정상에 있는 홍군전투기념탑(紅軍戰鬪紀念塔)을 보지 못했다.

그런데 마오쩌둥은 이 로상관을 넘은 감동을 시로 남긴 바 있다. 마오와 홍군은 1935년 1월에 두 번에 걸쳐 로상관을 넘었다. 1월 15-17일 쭌이에서 회의를 하고 난 뒤 하루 쉬고, 18일 쭌이를 출발하여 20일 로상관을 넘었다. 그러나 북상 길이 막혀 홍군은 25일 다시 로상관을 넘어 28일 쭌이를 다시 점령하였다. 그러니까 로상관 전투는 쭌이에서 공산당 정책을 바로 잡고 난 후 거둔 제1차 대승리 현장이기도 하다. 마오는 그 때 심정을 다음처럼 남겼다.

루산관(婁上關 누상관)

西風烈	겨울바람 차디찬데,
長空雁叫霜晨月	긴 하늘가 기러기, 서리 내린 새벽달 보고 우는 구나
霜晨月	서리 내린 새벽달 아래,
馬蹄聲碎	말발굽소리 부서지고
喇叭聲咽	나팔소리 목 메는구나
雄關漫道眞如鐵	험준한 관문과 아득한 길 철벽과 같으나
而今邁步從頭越	이제 발 내디뎌 선두부대 따라 넘어 가네
從頭越	선두부대 따라 넘으니,
蒼山如海	푸른 산은 바다요
殘陽如血	석양은 피빛이로다
毛澤東	

이 시를 읽어보면 루산관의 웅장한 자연 풍모와 더불어 홍군이 루산관을 넘는 시절이 차디찬 겨울이었다. 서리 내린 새벽달 아래 홍군이 공격하기 시작하였으며, 핏빛 석양이 있는 저녁에야 전투가 끝났다.

그런데 마오쩌둥이 넘어간 이 루산관을 김구는 4년 뒤에 넘었다. 마오쩌두은 로상관을 넘어 옌안(延安 연안)으로 갔고, 김구는 장제스의 국민당정부가 있는 충칭으로 갔다. 1945년 해방 직후 장제스와 협상을 위해 충칭에 온 마오쩌둥은 꾸이위앤(桂園)에 머물면서 9월 3일 김구를 비롯한 임정 요인들을 만났다. 이 만남은 별다른 성과를 가져오지 못했지만, 우리에게 큰 과제를 남겼다.

오늘날 우리가 중국 공산당과 만나지 않을 수 없는, 아니 선린과 우호의 관계를 더욱 공고히 하지 않으면 안 되는 중요한 시점에 와 있다. 이러한 의미에서 쭌이에서 루산관에 이르는 그 길은 임시정부가 험한 길을 넘어 충칭으로 갔다는 것 이상으로 중요한 과제를 우리에게 남겼다. (도진순 정리)

내 장정이 시작되었다

표슬기

고등학생. 노래 부르는 것과 여행하는 것을 좋아한다. 3년만에 다니는 한국 학교에 대한 환상과 설렘을 안고 있다.

나는 역사에 '역'자도, 특히 국사에 관해선 더더욱 무지한 학생이었다. 초등학교 4학년 때 뉴질랜드로 떠났다가, 5학년 때 귀국하였다. 그리고 다시 중학교 1학년 한 학기를 마치고 미국에서 3년을 보낸 뒤 2010년 6월에 귀국하였다. 그러니 중고교 시절 절반 가까이 외국에 사는 바람에 국사를 배울 기회가 많지 않았다.

그래서 귀국한 뒤로 2011년 3월 대안학교 1학년에 입학하기 전까지 이것저것 많은 것을 해보고 싶었다. 틈틈이 세계사, 한국사, 문학을 좀 더 읽고, 취미로는 플라맹고라든지 오카리나를 배웠다.

이번 여행도 평소에 이것저것 챙겨주던 오빠가 소개하여 참여하게 되었다. 이번 여행을 통해 그동안 책으로 익혔던 당시 시대적 상황을 이해하고, 오랫동안 품어온 갈증을 해소하고 싶었다. 더군다나 역사 전문가가 일행이 되어 안내한다는 사실이 좋았다. 그렇게 생각해보니 내가 외국에 살아서 한국 역사에 관심을 두지 않았다는 것은 핑계인 것 같았다. 관심을 가질만한 계기가 없었다고 하는 게 더 정확할 것이다.

결국 열흘 내내 임시정부 유적지를 돌아보며 우리 선열들은 힘들게 살면서 나라와 민족을 위해 싸우셨다는 것을 확인할 수 있었다. 그러면서 한편으로는 내가 이렇게 편히 다니지만 이때까지 어느 누군가를 위해 아무것도 한 것이 없다는 사실이 죄송스러웠다. 나 말고도 정작 이 여행에 오고 싶은 사람들이 많았을 텐데, 과연 내가 이렇게 좋은 기회를 누릴 자격이 있는 것일까 하는 생각이 들었다.

 나를 포함하여 이 여행에 참여한 중고등 학생들이 한국 교육을 두고 여행 중 이야기한 적이 많았다. 언젠가 문과, 이과 얘기를 했는데, 난 사실 그때까지 문과, 이과라는 게 있다는 것만 알았지, 그걸 통해 학생들이 어떤 방식으로 공부하는지에 대해선 전혀 알지 못했다.
 고등학교에서 이과생이었던 언니는 고등학교 1학년 이후로 역사를 배운 적이 없다고 했다. 비단 이 언니뿐만 아니라 한국에서 공부하는 거의 모든 학생이 어느 한 쪽에 치우쳐 공부한다. 그러니 문과 학생들은 과학 등을 잘 모르고, 이과 학생들은 사회(역사)를 잘 모른다. 대한민국 청소년들이 정작 자기 역사에 대해 잘 알지 못하는 아이러니한 상황이 된 것이다.
 물론 그런 식으로 나눠서 공부하면 학생들이 어느 몇 과목에만 집중하면 되므로 좀더 편하게, 깊이 공부할 수 있다. 하지만 대학을 가기 위해 공부하는 그 기간만이 아니라 나중에 사회에 나가면 사람들을 많이 만난다. 그런데도 만나는 사람마다 어느 한 부분만 공유할 수 있는 사람들로 한정되어서 다양한 사람들과 어울리지 못할 것이다.

 지금 와서 이런 교육 시스템을 개선하기는 어렵다. 그러나 지금이라도 학생들에게 계기를 만들어 주어야 한다. 그것이 더 빠르고 효율적이다. 예를 들어 1년에 한 번은 전교생이 역사 기행을 간다든지, 역사에 대한 영화나 다큐멘터리를 보는 식이다. 적어도 학생들이 '한국엔 이러한 역사도 있었구나.'라는 생각이라도 할 수 있게 말이다.

그리고 학교뿐만 아니라 나처럼 주변 사람이 도와줘 계기를 만들어 가는 사람이 있을 것이고, 스스로 판단하여 계기를 만들어 가는 사람도 있을 것이다. 어떤 계기를 통해서든 자신이 역사 공부에 대한 필요성을 느끼고 관심을 두면 대한민국의 미래가 조금씩 바뀔 것이다.

국사에 대한 지식이 '붕어똥' 만큼도 없는 내가 대한민국의 교육 현실을 논하는 것이 웃기지만, 그래도 어른들이 이 부분에 대해선 한 번 생각해보아야 한다.

나는 이번 여행이 그 어떤 계기보다도 더욱 확실하게 대한민국 역사에 대한 관심을 갖는 기회가 되었다. 지나간 역사를 뒤따라 가본다는 게 너무나 의미 있고 재미있는 일이었다. 더구나 외국에서 살다가 한국에 돌아왔을 때 막상 내 주변에 남은 사람들이 많지 않았는데, 이번에 배울 점이 많고 훌륭한 분들은 만나게 되어 기뻤다.

지금도 자려고 누울 때나 길을 걸을 때 나도 모르게 독립군가를 흥얼거린다. 그럴 때마다 느끼는 거지만 이 여행 때문에 때로 지루하던 삶이 조금씩 흥미로워진 것 같다. 이번 답사를 가지 않았더라면 아마 독립군가를 평생 모르며 살았을 것이다. 이렇게 중국에서 있었던 추억이 내 일상 속에 스며들어 있다. 비록 답사는 끝났지만, 그 많은 사적지를 돌아보면서 내가 느꼈던 감정, 들었던 소리, 이야기 하나하나 모두 빼먹지 않고 평생을 가져갈 것이다.

외국에서 살다가 한국에 귀국하여 사회 현실을 보면서 우리 사회의 합리성을 놓고 한때는 내가 과연 한국인으로 살아야 하는지, 산다면 어떻게 살아야 하는지를 고민한 적이 많았다. 나에게 한국은 언젠가 떠나 돌아오지 않을 곳으로 마음이 기울었는지 모른다.

지금도 그 질문에 확신을 가지고 대답할 수 없지만, 원점에서 다시 생각하는 기회가 되었다. 말하자면 내 삶도 이번 여행을 시작으로 비로소 출발선에서 앞으로 한발자국 나아간 것 같다. 물론 아직 온 길보다 가야 할 길이 더 많으니 배워야 할 게 많다. 어쨌든 내 장정이 시작된 것은 확실하다. 그러니 가자! 간다!

아! 그리고 마지막으로, 어디로 여행을 가시든 남는 건 사진뿐이니 다른 건 다 안 가져가더라도 사진기는 꼭 챙겨 가시길! 저처럼 바보같이 배터리만 충전해서 가져가는 게 아니라 아예 사진기, 배터리, 충전기를 통째로 챙겨서 말이죠.

텃새로 열심히 살기

한효석

민족문제연구소 회원. 〈너무나도 쉬운 논술〉 지은이. 다른 사람과 이야기하는 것을 좋아함. 문화 사랑방을 꾸려나가는 것이 꿈이다.

중국 여행 내내 철새와 텃새가 떠올랐습니다. 철새는 쾌적한 생활 여건을 찾아 떠돌아다니는 새입니다. 두루미, 기러기, 제비, 해오라기, 뜸부기가 철새입니다. 텃새는 한 장소에 머물며 그 여건에 자신을 맞추며 사는 새입니다. 참새, 찌르레기, 올빼미, 까치, 까마귀가 텃새이지요. 사는 방식이 다른 것이므로, 누가 더 낫다고 할 수 없습니다.

그러나 철새는 대체로 먼 거리를 날아 다녀야 하므로 덩치가 크고 힘이 좋습니다. 어떤 놈은 예쁘기까지 합니다. 이에 비해 텃새는 이 산 저 산을 날아다닐 뿐이므로 몸집이 크지 않아도 됩니다. 대체로 볼품이 없어서 텃새끼리 섞여 있으면 구별하기도 어렵습니다.

그런데 묘하게도 그 화려한 철새를 사람에 비유하면 상황이 달라집니다. 현실에서는 '철새 정치인'이라고 하면 '이익을 좇아 자기 소신을 버리는 정치인'이라는 뜻으로 쓰입니다. 그러므로 정당의 인기와 상관없이 그 당을 떠나지 않고 자기 철학을 펴는 사람이 텃새 정치인입니다. 사람들은 대부분 그런 정치인을 심지가 굳고 가치관이 분명한 사람으로 봅니다.

옛 독립군들 각오를 생각하며 답사 마지막날 우리도 태극기에 이름을 써넣었다.

김구는 40대 초반으로 1919년 상하이에 도착하여 임시정부에 참여합니다. 그러나 행정, 입법의 중책을 맡지 못하고 비교적 낮은 자리인 경무국장이 됩니다. 김구가 국내에서 동학 접주로, 교육자로 활동하였지만 임시정부에는 김구보다 더 쟁쟁한 사람이 많았습니다. 국내외에서 임시정부에 거는 관심과 기대가 컸으므로 유력 인사들이 많이 참여했지요. 임시정부 살림도 이때는 아주 어렵지 않았던 것 같습니다.

그러나 시간이 흘러 일본이 혹독하게 감시하고 탄압하면서 조선 사람들의 독립 의욕과 열정이 점점 절망으로 바뀝니다. 임시정부 수립 10년이 안되었는데도 국무위원을 모으지 못해 내각을 구성하지 못할 때가 있었습니다. 민족지도자에 이름을 올렸던 최남선 같은 사람은 변절하여 일본에 협력하고 철새처럼 화려하게 이익을 쫓아 날아갔습니다.

긴 병에 효자가 없다고 합니다. 나라 잃고 10년이면 백성들이 나라를 되찾아야겠다고 생각하지만, 거기서 또 10년이 지나면 나라를 찾는 일에 아무도 나서지 않는 상황이 되는 것이지요. 그런 탓에 임시정부에도 쓸 만하거나, 명망 있는 사람이 점점 줄어듭니다. 물론 살림도 아주 궁색해집니다.

결국 그때부터 김구가 본격적으로 나서게 됩니다. 김구 같은 열정적인 지도자가 거의 남아 있지 않았지요. 어쩌면 이런저런 사람이 대부분 떨어져 나간 자리를 김구만 우직하게 남아 지킨 것인지 모릅니다. 임시정부에 있던 수많은 철새는 날아가고, 수많은 텃새가 죽어갈 때 살아남은 텃새가 비바람을 맞으며 임시정부를 지키는 셈입니다. 그때 이봉창과 윤봉길도 목숨을 던져 임시정부에 힘을 보탠 텃새였습니다.

결국 충칭에서 김구가 임시정부를 실질적으로 대표합니다. 이 1940년대는 일본이 한국을 집어 삼킨 지 수십 년이 지났을 때입니다. 독립하리라는 희망은 옅어지고 조선 사람들은 자기 한 몸 지키기에 바쁩니다. 임시정부가 군사력을 키워 조직적으로 저항하기에는 일본이 너무나 강한 나라였습니다. 중국조차 커다란 땅을 짓밟히며 일본에게 절절매던 시절이었지요.

오죽하면 해방 뒤 친일파조차 일본이 그렇게 허망하게 망할 줄 몰랐다고 변명했을까요? 말하자면 일본의 기세가 등등하여 아무도 조선에 희망이 있다고 생각지 않던 때에 김구는 작은 불씨를 안고 그 힘든 세월을 감당했던 것이지요. 김구는 모든 사람이 절망할 때 절망하지 않았습니다. 김구는 무엇을 해야 하는지를 알고, 흔들리지 않고 앞으로 나갔습니다. 이런 것 때문에 많은 사람들이 아직도 김구 선생님을 존경하는지 모릅니다.

  철새는 언제든지 떠날 수 있으므로 여건을 따지면서 땅을 사랑하지 않습니다. 텃새는 그 땅에서 벗어날 수 없어 땅을 사랑할 수밖에 없지요. 그러니 우리가 결코 여건을 탓해서는 안 됩니다. 여건은 대부분 나쁠 수밖에 없으므로 우리는 열심히 살 일 밖에 없습니다. 그리고 어떤 일이 있어도 김구가 그랬듯이 언젠가 잘되리라는 희망을 잃지 말아야 합니다. 우리는 언제나 텃새이고, 좋은 날이 반드시 오니까요.

27년간의 망명생활을 마치고 기념촬영

열째날

치장(기강)
충칭(중경)

창사

준의

치장

충칭

귀양

류저우

오주

광저우

綦江重慶

치장은 충칭시 남쪽에 있는 현이다. 기후가 따뜻하고 토지가 비옥하여 옛날부터 농사를 짓기에 좋았다. 치장은 임시정부가 1940년 9월에 충칭(중경)으로 가기 전에 1년 넘게 머무르던 도시이다. 임시정부가 충칭에 자리를 잡고 장제스 정부가 본격적으로 도와주기 전에 치장에서 생활이 가장 고생이 심하던 시기이기도 하다.

충칭(重慶 중경)은 중국 중서부 지역에 있는 큰 도시이다. 쓰촨성(四川省 사천성)에 속하였다가, 지금은 직할시가 되었다. 항일 전쟁 시기에 중국 국민당 정부 전시 수도였다. 접근하기가 쉽지 않아 일본은 주로 비행기 공습으로 이 도시를 파괴했다. 베이징에 공산당 정권이 수립될 때 장제스 정부가 이곳에서 남경을 거쳐 대만으로 철수하였다.

상승가와 타만 강변

치장에 도착한 임시정부는 타만 강변에 있는 집을 얻어 청사와 숙소로 썼다고 한다. 다른 사람들도 일부 상승가에서 살았다. 이 상승가는 조선혁명당 당원들도 생활하고 머물던 동네였다. 주로 이청천 장군, 김붕준, 조경한, 박영준 같은 분들이 생활하였다. 상승가는 입주할 때 지명이 태자상이었다가 머무는 동안에 상승가로 바뀌었다. 그러나 우리가 이번에 가보니 상승가라는 이름만 남았을 뿐이었다. 이봉원 님이 2007년 방문할 당시에 벌써 도시 재개발로 완전히 달라졌다고 한다.

상승가를 제대로 보지 못한 아쉬움을 뒤로 하고 5분 거리에 있는 타만 강변으로 향했다. 타만 강변에 그 당시 낡은 집을 헐고 허술한 연립

상승가 도로 표지판

주택을 지어서, 독립운동 당시 흔적은 찾아볼 수 없었다. 우리가 찾아갔을 때도 그나마 번지로 남은 그 허술한 연립주택마저 헐고 있었다. 강 저쪽처럼 더 큰 아파트를 지으려는 것 같았다. 그러니 우리 뒤에 누군가 이곳에 오더라도 이제는 표지석마저 세울 수 없는 모습으로 변할 것이다.

그래도 강을 따라 걸으니 왠지 느낌이 새로웠다. 우리 선열들이 머물던 임시정부 터 주변이라 그럴지 모른다. 낡고 허름한 집들이 남았고 인적이 드물어서 이런 의미를 알기 전에는 그냥 평범한 강가처럼 보였다.

다행인 것은 치장 시에서 아주 깨끗한 '치장현 박물관'을 짓는다는 것이다. 2011년 1월 우리가 갔을 때 마무리 중이었으니, 지금쯤 완공

되어 일반인에게 개방되었을 것이다. 공사 중인데도 문화청 공무원이 배려하여 문화청 안을 살펴볼 수 있었다. 역사청이므로 치장 역사와 치장 중국 공산당 연혁을 기본으로 하여 대한민국 임시정부 치장 역사를 덧보태는 식이다. 그래도 최신 전시 기술을 도입하여 관람객에게 흥미를 주면서 한편으로 우리 임시정부를 배려한다는 것이 고마웠다.

그 역사청에서 상승가와 타만 강변에 살았던 김구와 임시정부 요인들 옛 집을 사진으로 볼 수 있었다. 상승가 개발 전 모습, 치장에서 생활하던 모습을 사진으로 꼼꼼하게 보여주었고, 자료가 없는 것은 그림으로 그려 상상할 수 있게 하였다. (최민지 정리)

타만 강 저쪽에 아파트가 많이 들어섰다. 이쪽은 건물을 헐어 잔해가 널렸다.

칭화중학

여행 마지막 날 우리는 충칭 토교촌(土橋村)에 갔다.《백범일지》에 따르면 1940년 2월 임시정부 대가족은 치장에서 토교촌으로 옮겼다. 그곳에는 화탄계(花灘溪)라는 큰 개울이 있었고 동감 폭포도 있었다. 그 폭포 위에 작은 마을이 있었다. 이곳에서 임시정부 대가족 백여 명은 네 건물에 나누어 살았다. 주택난도 덜할 뿐 아니라, 폭포가 있는 아름다운 전원 지역으로 공기도 신선하였다. 그때 임시정부 대식구들이 살았던 건물은 지금 없어지고, 개울은 오염되었고, 재개발로 분위기가 어수선하였다. 그래도 우리가 갔을 때 바위에 새겨진 화탄계(花灘溪)란 큰 글씨, 떼 지어 노닐고 있는 백로로 미루어 이 지역이 물과 꽃과 새가 있었던 곳임을 알 수 있었다.

아열대인 충칭은 1년 중 두세 달을 빼놓고는 모기가 기승을 부렸어요. 항시 말라리아(학질)가 창궐했으나, 약품이 부족해 쉽게 치료가 안 될 때가 많았지요. 나도 1942년 여름부터 말라리아에 걸려 몸이 심하게 약해지고 빈혈까지 겹쳐 1년간 학교를 쉴 수밖에 없었습니다. 집에서 몸을 추스르던 때 중국의 명문 칭화대학 출신들이 모금하여 개교한 충칭 칭화중학(淸華中學 청화중학)이 우리집 화탄 개울 건너에 새로 건물을 짓고 이사 왔습니다. 나는 1943년 9월 칭화중학 2학년에 편입했지요.

학교 생활이 상당히 재미있었어요, 우리 열 명밖에 안 되는 학생들

화탄 개울. 주택이 있던 언덕에 백로가 많았다.

이, 예를 들면 교내 체육대회를 할 적이면 1, 2, 3등 같은 걸 석권한 적도 있고, 그래서 학교에서도 상당히 인정을 받았지요. (김자동, 1928년 상하이 출생, 임정 외교위원 김의한의 아들)

그 화탄계를 보고 우리는 바로 길 건너에 있는 충칭 칭화중학(重慶清華中學)을 찾아갔다. 당시 임시정부 대가족 자제들이 바로 이 학교를 다녔다. 중국에서 중학이란 한국으로 치면 고등학교와 중학교를 합한 것이다. 답사 후 확인해보니 최동오 선생 큰딸 최종숙, 이청천 장군 아들 이정계, 엄항섭 선생 큰딸 엄기선과 아들 엄기동, 김가진 선생 손자이자 김의한 선생 아들인 김자동, 민필호 선생의 딸 민영애와 민영의, 오광선 선생의 딸 오희옥 등이 바로 이 학교에 다녔다.

베이징에 중국 제1의 칭화대학이 있는데, 충칭에 칭화중학이 있는 것이 처음에는 이상하였다. 학교 정문에 새겨져 있는 교명이 주은라이(周恩來) 총리 부인이며 당시 정협(政協) 주석인 덩잉차오(鄧穎超)가 쓴 것임을 확인하고는 심상치 않은 학교라는 것을 느꼈다. 나중에 안 것이지만 충칭에 칭화중학이 설립된 경위는 중국의 대일항전 역사와 깊은 관련이 있었다.

1937년 7·7 노구교사건 이후 일본이 중국 침략을 본격화하자 중국은 베이징 칭화대학, 베이징대학, 텐진 난카이(南開)대학 등을 남쪽으로 옮긴다. 1938년 5월에는 후방지역인 쿤밍(昆明)에서 합하여 서남연합대학이 된다. 칭화대학이 베이징을 떠난 바로 1938년, 둥비우(董必武 동필무) 지시로 충칭에 와 있는 칭화대학 출신들이 주도해서 세운 중학이 바로 이 충칭 칭화중학이다. 해방 이후 "충칭시 제9중학"으로 이름이 바뀌었다가, 1984년년 다시 옛 이름 "충칭 칭화중학"을 회복하였다.

그러니까 충칭 칭화중학은 중국 최고의 명문 베이징 칭화대학과 깊은 관계에 있으며, 교풍과 교훈, 나아가 캠퍼스 풍광도 비슷하다. 칭화대학은 중국 최고 대학일 뿐만 아니라, 가장 크고 아름다운 교정이 있다. 칭화(淸華)라는 말이 바로 "수목칭화(水木淸華)"라는 시 구절에서 나왔으니, 세계 어느 대학보다 아름다운 이름이며, 이름에 걸맞게 아름다운 호수와 정자들이 있다. 주쯔칭(朱自淸)의 저명한 산문 〈하당월색(荷塘月色)〉도 보름달 아래 칭화대학 호수의 연꽃을 노래한 것이다. 그런데 충칭 칭화중학 교정도 호수와 정자가 있는 아름다운 곳이었다.

충칭 칭화중학 교풍과 교훈 또한 베이징 칭화대학을 따랐다. 교정 한가운데 설립자 동필무(董必武)의 동상 아래 관목으로 교풍인 "구실(求實)"을 도드라지게 써놓았다. 교훈은 "자강불식(自强不息)", 판학(교육)이념이 "후덕재물(厚德載物) 인인성재(人人成才)", 교정 출입구에는 말보다 행동을 앞세운다는 "행승어언(行勝於言)"이 큰 비에 새겨져 있었다.

이것은 베이징 칭화대학의 교풍이 "실사구시(實事求是)", 교훈이 "자강불식(自强不息) 후덕재물(厚德載物)", 대강당 앞 광장에 "행승어언(行勝於言)"이 새겨진 해시계(日晷)가 있는 것을 방불케 한다.

요컨대 칭화대학이 중국 최고 대학이라면, 충칭 칭화중학은 중국이 일본의 침략으로 수도와 대학을 옮겨야 했던 시기 세운 최고 명문중학인 셈이다. 특히 이 학교의 설립자인 둥비우, 교명을 써준 둥잉차오, 그의 남편 주은라이는 우리 독립운동사와 밀접한 관련이 있는 사람들이다. 1940년 9월 17일 충칭 가릉빈관(嘉陵賓館)에서 한국광복군 성립 전례식이 열릴 때 주은라이와 둥비우가 참여하여 서명을 남겼다.

동필무 동상과 '구실(求實)'

1943년 3·1 한국독립선언 24주년기념식 내빈 명단에는 이 두 사람과 더불어 등잉차오의 서명도 남아 있다. 이들은 중국 공산당에서 중국의 국공합작은 물론, 한중합작에도 노력한 사람들이다. 또한 주은라이와 등잉차오는 안중근 연극을 하면서 서로 친해진 것으로 알려지고 있으며, 주은라이는 안중근에 대해 각별한 찬사를 남긴 바 있다.

2001년 4월 24일은 칭화대학 100주년이었다. 거대한 100주년 기념식에서 중국의 국가주석 후진타오(胡錦濤)는 자신의 모교이기도 한 칭화대학을 세계 최고 대학으로 만들자는 연설을 "분투 분투 또 분투"로 끝을 맺었다. 충칭 칭화중학 교정을 떠나면서 반일전선에서 한중 가교가 되었던 충칭 칭화중학이 이제 분단 한반도에서 평화와 통일을 여는 데 새로운 발판이 될 수 없을까 하는 생각이 내내 머리에서 떠나지 않았다. 충칭 칭화중학을 통해 우리가 길을 열어간다면 어제의 주은라이, 등잉차오, 동비무가 오늘엔들 없으리요. (도진순 정리)

화평로 청사

임시정부가 충칭에서 세 번째로 자리잡은 곳이 '화평로(和平路) 청사'였다. 앞서 두 곳은 그 당시 일본 비행기 공습으로 불타 없어졌다. 화평로 청사가 처음에는 판공처로 쓰이다가, 임시정부가 1944년 9월에 연화지 청사로 이사한 뒤 가족이 없었던 독립지사들이 머물렀다. 이곳은 김구가 2층에 머물며 《백범일지》 하권을 저술한 곳이어서, 우리에게 문화재적 보존 가치가 높은 건물이다. 《백범일지》 상권은 상하이 임시정부 청사에서 저술하였다. 화평로 옛 지명은 오사야항(吳師爺巷)이다.

우리가 찾아갔을 때 화평로 임시정부 건물은 그 앞에 세워진 기념비가 비쌀 보일 만큼 금방이라도 쓰러질 것처럼 으스스한 분위기를 내뿜었다. 그래도 빈 집이 아니고 가난한 중국인들이 살고 있었다. 시간이 꽤 흘렀다는 것을 감안해도 너무 부실했다. 70년 전에도 결코 좋은 건물은 아니었다는 생각이 들었다. 집에서 뛰기라도 하면 금방 집이 무너질 것 같았다.

더구나 비석에 그어져 있는 크레파스 자국에 마음이 거슬렸다. 그 곳에 사는 아이들이 비석을 스케치북으로 여겨 낙서했을 것이다. 그 비석을 놀이터 기구쯤으로 여겼을 것이다. 너무 누추해서 다른 일행도 쉽게 그 곳을 떠날 수 없었는지 좁디좁은 골목에서 사진을 찍고 또 찍었

화평로 임시정부 청사. 이 집과 이웃집에 중국인이 살고 있었다.

다. 나중에 왔을 때 중국에 있던 다른 유적지처럼 없어질 것 같은 불안감에 그러했을 것이다.

그러지 않아도 몇 년 전부터 이 집을 볼 때마다 뜻있는 많은 분들이 철거될 것 같은 불안을 호소하였다. 그래도 지금까지 헐지 않았을 뿐만 아니라, 중국 정부가 '임시정부 청사 자리'라고 비석을 세워놓은 것으로 보면, 언젠가는 이 집을 제대로 수리하여 또다른 기념관 노릇을 하지 않을까 기대해 본다. 그러지 않아도 한때 이 건물을 다른 곳으로 옮겨 복원한다고 하던 적이 있었다고 한다.

중국 각 지방자치 단체에서는 한국인 관광객을 유치하려고 임시정부 유적지를 잘 복원하려고 한다. 그러므로 이 화평로 건물도 한국인이 많이 방문하고 임시정부에 대해 끊임없이 관심을 쏟는다면 지금보다 상황이 훨씬 나아질 것이다. (임다정 정리)

미원 식당

미원 식당은 한국광복군 총사령부 건물로 쓰던 건물이다. 식당은 충칭시 추용로 37호에 있었는데, 버스에서 내려 충칭 시내 높은 건물들을 지나 도착하였다. 식당 겉모습이 깔끔해서 오래된 건물이라는 느낌이 들지 않았다. 그러나 미원식당 어디에도 한국광복군 총사령부 건물이었다는 흔적이 없었다.

식당 주인에게 양해를 구하고 내부를 둘러보았다. 1층은 현지인들이 식당으로 운영하고 있었으나, 2층과 3층은 허술하게 방치된 채 비

미원식당 앞 모습.

어 있었다. 모든 계단이 좁고 어두워서 조심스럽게 발을 디뎌야 했다. 2층은 광복군의 총사령 이청천, 참모장 이범석 등이 사무실로 이용했던 곳이다. 낡고 허름해서 음침했지만, 오히려 옛 모습이 눈앞에 더 잘 그려졌다. 3층 창문에서 밖을 내다보니 광복군들이 훈련했다는 손바닥만한 마당을 볼 수가 있었다.

한국광복군은 1940년 9월 17일 충칭 가릉빈관에서 식을 열고 창설하였다. 이때 광복군 총사령관은 이청천이었다. 그 당시 가릉빈관 자리는 오늘날 아파트 단지로 변해 역사 흔적을 살펴볼 수 없다고 한다.

임시정부는 각지에 흩어져 활동하던 한인 항일 군사 조직을 흡수하여 통합하려고 힘썼다. 그러므로 광복군 창설은 중앙군 없이 비정규군만으로 항일 무장투쟁을 펼쳤던 독립 운동 세력에 정규 중앙군이라는 구심점이 생겼다는 점에서 의의가 있었다.

오늘날 대한민국이 임시정부의 법통을 계승한다고 헌법에 밝혔지만, 실제로는 광복 이후 한국에 진주한 미군이 임시정부 세력을 배제한 채 정부를 수립하였다. 한국광복군이 국군으로 연결되지 못하고 미군정 산하 국방경비대가 이를 대신하였다. 그에 따라 대한민국 국군 창군 연도를 1948년으로 잡고 있다.

이에 대한민국이 임시정부 법통을 계승한 것을 확실히 하려면 국군 창군 연도를 한국광복군이 창설된 1940년으로 뜻있는 분들이 주장한다. 현재 10월 1일인 국군의 날도 광복군 창군일인 9월 17일로 변경하자는 것이다. (박정민 정리)

미원 식당 2층 안쪽 모습. 낡고 허름한 상태로 방치되었다.

연화지 청사

드디어 우리 여행 마지막 종착지인 '연화지 청사'에 들어섰다. 이곳은 1940년 9월 충칭으로 옮겨온 임시정부가 충칭에서 사용한 네 번째이자 마지막 청사로서 1945년 11월에 김구 일행이 환국할 때까지 사용한 청사다. 상하이 임시정부 건물보다 10배는 더 넓었다. 중국 장제스 정부가 좀더 적극적으로 배려하면서 비로소 청사다운 청사에서 업무를 보았다고 한다.

한편 일본군으로 강제로 끌려간 한국 학병들이 일본 부대를 속속 탈출하였다. 그렇게 탈출한 학병 한 무리가 6천리를 걸어 1945년 1월 조천문 부두에 도착하였다. 그리고 충칭 시내를 가로 질러 행진하고 연

연화지 청사 앞쪽 모습.

화지 임시정부 청사에 왔다. 자신들이 태어나기 전에 **빼앗긴** 나라를 되찾겠다고 찾아온 것이라서, 김구는 이 학병들을 눈물로 맞이하였다고 한다.

이 건물은 한때 아파트를 지으려고 충칭 시정부가 헐려고 하였다. 그러나 1994년 6월 한국 독립기념관과 충칭시 대외인민우호협회가 '충칭 대한민국임시정부 청사 복원협정'을 체결하고, 광복 50주년이 되는 1995년 8월에 복원해 '충칭 대한민국 임시정부 구지 진열관'이라는 이름으로 문을 열었다.

마지막 장소였던 만큼 어쩐지 우리가 오랜 장정을 밟아온 임시정부 요인과 가족이라도 되는 것처럼 마음 씁쓸이가 예사롭지 않았다. 태극기를 높게 들며 씩씩하게 들어간 '연화지 청사'는 아쉽게도 수리 중이었다. 모든 집기들을 빼낸 상태라 방 형태와 그 곳 쓰임새만 알 수 있을 뿐이었다. 극히 일부분 밖에는 보지 못했으나, 그래도 전시실에는 당시 상황을 알 수 있는 사진과 문서가 잘 정리되어 있었고, 광복 직후 한국 상황도 정리되었다.

1945년 광복 후에 귀국하기 전 독립지사들이 모여서 사진을 찍었던 계단에서 우리도 그분들처럼 단체 사진을 찍으면서 긴 여정을 모두 마쳤다. (임다정 정리)

국군의 날은 9월 17일로

안영봉

평화재향군인회 공동대표. 최사묵 공동대표가 헌신적으로 사회에 봉사하고 참여하는데 힘을 보태서 평화롭고 정의로운 사회를 건설하고자 한다.

리비아 민주화 시위에 관한 소식이 텔레비전을 통해 시위 장면과 함께 보도되었다. 그 중에는 지난 42년 동안 철권 정치로 국민을 억누르던 카다피 수반이 시위대에게 발포를 명령하였으나, 이를 부당하다고 거부하고 전투기 조종사가 비행기를 몰고 이웃 나라로 망명하였다는 소식도 있었다.

착잡하였다. 그 순간 1980년 광주 민주화 상황이 떠올랐다. 국민을 위해 존재해야 할 국민의 군대가 국민을 배반하고 주인에게 발포하여 무고한 주민을 죽인 역사적인 비극이었다. 정권 탈취를 위해 군인들이 광주 시민에게 총부리를 겨눠서는 안 되는 일이 벌어진 것이었다. 최근 장기집권 잡음으로 시끄러웠던 이집트에 이어 리비아 사태를 보면서 한반도에서 이 같은 일이 두 번 다시 있어서는 안 된다는 생각이 들었다.

그 당시 광주에서 보았듯이 군인과 경찰의 판단력이 떨어진 것은 우리가 친일을 제대로 청산하지 못했기 때문이다. 일제에 아부하던 자들이 1945년 광복 이후 대상만 바꾸어 미군에 아부하였다. 그렇게 권력에 빌붙은 자들이 한국 국군과 경찰 창군의 주역이 되면서, 미군과 권력에 봉사하는 집단이 되었다.

그래서 우리 민족은 진정한 광복을 맛보지 못하고 독립된 적도 없는 어쩌면 주인만 바뀐 채 지금도 머슴살이를 벗어나지 못하고 있는지 모른다. 말하자면 친일파들이 이번에는 친미파가 되어 여전히 친일 연장선에서 국민의 이익 보다는 자신들의 영달에만 눈이 어두워 그 검은 이익만을 챙기며 살고 있는 것이다.

물은 독사도 마시고 젖소도 마신다. 같은 물을 먹어도 독사가 마시면 독이 되고, 젖소가 마시면 우유가 된다. 군대 역시 똑같은 사람, 똑같은 무기를 갖추어도 '사람을 사람답게' 보지 않으면 그 군대는 살인 부대가 되어 자기 겨레에게 총부리를 겨누게 되는 것이다. 그러니 이제 군인도 사람다운 군인이어야 하고, 평화를 사랑하는 군인이 되어야 한다.

평화를 사랑하는 군인은 이산가족의 한도 헤아릴 줄 알아야한다. 민족의 한이 서려있는 38선! 그것을 어떻게 극복할지를 우리는 끊임없이 고민해야 한다. 같은 겨레이고 동포인 북쪽을 믿지 못하고 남남인 미국을 지나치게 신뢰하거나, 북쪽을 도와주느니 차라리 그 돈으로 미국한테 무기를 사들이겠다는 생각을 이제는 버려야 한다.

그런 뜻에서 현재 국군의 날인 10월 1일은 같은 민족에게 총부리를 겨냥하여 38선을 넘어선 날을 기념하는 것이므로 광복군 창설일인 9월 17일로 바꿔야 한다. 일제에 빼앗긴 나라를 되찾고자 충칭 임시정

1940년 9월 17일 창군한 한국광복군 성립전례식을 마치고 기념촬영

부 청사에서 한국광복군을 창설한 1940년 9월 17일은 남과 북으로 갈라 서기 이전에 한 마음으로 겨레를 지키고자 했던 의미 깊은 날이다.

안타깝다. 광복군을 좀 더 일찍 창설하여 1945년 일본이 패망하기 전에 광복군이 한반도로 진격해야 했다. 미군이 한국에 진주하기 전에 좀 더 우리가 주도적으로 일본을 극복하고 우리 손으로 창군해야 했다. 외세의 압력 없이 우리 민족이 스스로 일어서지 못한 것이 한스럽다.

이번에 임시정부 유적지를 돌아보는 내내 그런 마음에서 벗어나지 못했다. 특히 답사 엿새째 광저우의 황포군관학교를 둘러 볼 때는 발걸음이 떨어지지 않았다. 그때 적은 분명 일본이었다. 우리는 그때 한마음이 되어 조국 광복과 독립된 조국을 꿈꾸지 않았던가!

어느 역사학자는 지금 우리 상황이 구한말 정국과 비슷하다고 한다. 미국과 일본, 중국과 러시아에서 둘러싸여서 스스로 어쩌지 못하고 주위 눈치만 본다는 것이다. 그러나 이럴 때일수록 우리 민족이 힘을 모아 통일을 한다면, 이번에는 강대국들이 우리 눈치를 볼 것이다. 우리가 어떻게 판단하고 선택하느냐에 따라 세계 질서가 바뀌는 중요한 갈림길에 서 있는 것이다.

쉽지 않은 일이지만 그렇다고 불가능한 것도 아니다. 지하에 계신 애국선열들이 허름한 빈민굴에서 배추 쪼가리를 주워 먹으면서 우리에게 불가능이 없다는 것을 역사를 통해 말없이 일러주지 않았는가? 이번 답사는 중국 땅 구석구석에서 빈손으로 조국의 진정한 독립을 위해 목숨을 바친 선열들을 다시 되돌아보는 좋은 계기가 되었다.

나에게 주는 선물

임다정

대학생. 하고 싶은 것이 너무 많아 24시간이 부족하다. '소녀'에서 '여인'으로 거듭나고 있는 중이며, 최근 역사에 대한 관심이 커졌다.

    2011년 1월, 김구 선생님과 임시정부 발자취를 따라 다녀온 10박 11일. 짧지만 내 생에 잊지 못할 긴 여행을 하였다. 첫 해외여행이고, 친구들과 수학여행 말고는 가족과 떨어져 다녀온 첫 여행이었다. 그리고 초등학교 6년, 중학교 3년, 고등학교 3년이라는 시간을 잘 참아, 3월이면 대학생 새내기가 되는 나에게 주는 첫 선물이었다.

    두려움 반, 설렘 반으로 시작한 이 여행은 규모조차 남달랐다. 조그만 대한민국을 보는 듯 했다. 어디로 튈지 모르는 천진난만한 10대 소녀들을 시작으로, 듬직하지만 여성스러운 면모를 다분히 지닌 청년 교사 1인, "아줌마 파워란 이런 것이다"를 보여준 영원한 우리 언니들, 깨알 같은 웃음을 선물해 주신 대학생 오빠, 선생님과 교수님 등 총 28명으로 이루어졌다. 어쩌면 이 답사단이 중국에 가는 바람에 대한민국이 매우 조용했다고 할 만큼 열하루가 어떻게 흘렀는지 몰랐다. 정말 재미있었다.

    그러나 한편으로는 어딘가 불편한 현실이 있었다. 난 분명 열심히 공부하고 시험을 보고 입시 과정에 발맞추어서 지금껏 잘 살아왔다고 생각했다. 물론 부족한 점은 있었다. 그러나 이번 여행을 통해 내가 얼마나 무식한지를 뼈저리게 느꼈다.

역사에 대해서 까막눈이라는 건 나도 안다. 고등학교 1학년 이후에 우리나라 역사에 대해선 배운 기억이 없으니 말이다. 솔직히 말하면 중학교 때는 고등학교에 가면 배울 거야 하고 대한민국 근대사를 제대로 공부하지 않았다. 고등학교에 진학하고는 할 것이 많다는 핑계로 또 미루었다. 지금 이렇게 크게 후회할지 누가 알았겠는가?

공부할 과목이 줄어든다는 자체만으로 행복에 빠져 역사 공부를 내동댕이쳤다. 그러나 지금 내 발목을 잡았다. 여행 중 이동 시간에 선생님께서 말씀해 주신 대한민국 역사는 나에겐 외래어나 다름없었다. 분명 한국어인데 알아들을 수가 없었다. 문맹이란 이런 것인가 하는 생각마저 들었다. 조금은 죄송하지만 알아듣지를 못하니 지루한 적도 있었다.

여행을 하면 할수록 나 자신이 한없이 부끄러워졌다. 어디서부터 시작해야 할지 중고등학교 교과서를 사서 다시 시작해야 할 것 같았다. 그렇지만 그것도 그때뿐. 나는 한국에 돌아와서 또 예전의 나로 돌아가고 있다. 바쁘다는 핑계로 역사 공부를 또 뒤로 미루니 말이다.

하지만 바뀐 점은 있다. 예전에는 역사 이야기가 나오면 아는 것이 없어 피하려고 했지만 지금은 역사에 대해 더 관심을 가지고 있다. 이번 여행을 통해 알았던 조그만 지식이라도 모르는 이에게 알려주려고 한다. 또 이제부터라도 조금씩 하나라도 더 알려고 한다.

특히 독립지사들이 머물렀던 숙소를 볼때마다, 타국에서 얼마나 잘 지내야 하냐고 되묻는 사람도 있겠지만 해도 해도 너무 심한 집이 많았다. 이런 집에서 어떻게 지냈지 하는 의문이 머릿속에 맴돌았다. 그렇게 힘겨운 생활을 하시면서 독립운동을 하셨기에 지금 내가 이 자리에 서있다. 당시로 치면 상상조차 못할 호화스러운 환경에서 자랐다고 생각하니 말로 표현 못할 정도로 죄송스러움과 감사함이 몰려왔다.

그래도 우리 여행에 마지막 종지부를 찍을 마지막 청사 '연화지 청사'에서는 감회가 남달랐다. 우리 한 걸음 한 걸음이 모두 뜻 깊은 것 같았다. 그곳에 들어가기 전에 문 앞에서 애국가와 독립군가를 부르며 하늘에 계신 독립지사들에게 우리가 왔다는 신호를 보냈다. 10박 11

임시정부로 쓰던 건물이 아주 낡았고, 안내 비석은 동네아이들 낙서판이 되었다.

일 동안 내가 보기에 가장 사람이 살만한 집이었다. 중국 안내원이 어수룩한 말로, 그것도 작은 목소리로 설명하여 귀를 쫑긋하고 들었지만 그조차 행복한 시간이었다.

　10박 11일 동안 나는 많은 것을 느끼고 한국으로 돌아왔다. 말 그대로 정말 난 '소녀'였을 뿐이었다. 역사에 너무나 무지했다. 어른들에게나 동생들에게 부끄러운 내가 아니었는지 생각해 본다. 가족 중에 막내로 태어나 언제나 막내 취급만 받다가 이 여행에서 갑자기 언니 행세를 하려고 하니 조금 쑥스러웠다. 좋은 분들과 만나 이번 여행을 함께 하다니 난 정말 행운아인 것 같다.

　이제 우리들 마음을 합쳐 김구 선생님이 원했던 통일을 빨리 이루었으면 좋겠다. 지금은 비록 30명에 못 미치는 사람이 찾아왔다. 그러나 티끌모아 태산이라고 나중에 우리가 계기가 되어 이곳을 찾는 사람이 많았으면 좋겠다. 그래서 독립지사들의 정신을 본받는 후손들이 많이 생겼으면 한다.

중국에서 희망을 보았다

강연분

고등학교 교사, '연분 언니'라는 애칭을 갖고 학생 지도에 무한한 관심과 사랑을 지닌 교사, 한지 공예와 서예를 즐기고 훗날 자원봉사 활동으로 연결하는 것이 희망이다.

올 겨울에 인도를 여행하기로 계획하였다. 그런데 함께 떠나기로 한 일행에게 사정이 생겨 그만 나까지 인도 여행이 무산되었다. "아, 이 스트레스를 어떻게 풀지." 하는데, 평소 알고 지내던 분이

"강 선생님, 임시정부 노정 답사 어때요?"
"네! 갑니다. 저! 갈게요."

난 묻지도 따지지도 않았다. 혼자 사는 여자도 아니고, 문제 있는 가정의 아낙네도 아닌데 어쩌자고 그렇게 쉽게 결정했는지 모르겠다. 나중에 남편조차 원망하는 눈치였으나, '좋은 프로그램인데 뭐!' 하는 심정으로 마음을 굳혔다. 그래도 독특한 향내가 나는 중국 식사, 뭐라 표현하기 어려운 썰렁한 날씨, 그것도 11일이나 되는 긴 여행을! 조금 걱정스럽긴 하였다.

그런데 여행비를 다 지불하고 떠나기 전 예비 모임에 참석했을 때 아

주 황당하였다. 주최 측에서 여행 관련 시디를 주었는데 그 안에 독립군가가 들어 있었다. 명색이 윤리교사인데도 언젠가부터 난 의식적이고 집단적인 것을 싫어하는 자유인으로 살았다. 그런 나에게 독립군가라니? 아뿔싸! 뭔가 내가 이 여행을 잘못 생각한 것 같았다.

더구나 출발하는 날 아침, 인천 공항에 도착하니 아는 사람은 2명뿐이었다. 다른 사람들은 그런대로 서로 약간씩 안면이 있는 듯하다. 슬슬 불안해졌다. 에라, 모르겠다. 어떻게 되겠지. 그냥 즐길 수 있으면 즐기자는 심정이었다.

여행 첫날 임시정부가 탄생한 동네 서금로를 시작으로 뉴욕의 맨하탄에 버금가는 외탄까지 정신없이 다녔다. 그 와중에 왁자지껄 떼로 몰려다니는 한국 아이들을 만났다. 한국인의 학습 의욕은 멀리 상하이까지도 넘치는구나! 날도 추운데 아이들은 과연 무엇을 느낄까? 제대로 설명해 줄 교사가 있을까? 반가우면서도 좀 더 진정한 여행 프로그램이 뭔지를 생각해 보았다.

여행 둘째 날에 송경령 능원 외국인 공동묘지에서 우리 애국지사들 묘지석을 보았다. 1993년 8월 한국으로 이장된 빈 무덤이었다. 그런데도 우리 일행은 애국가를 부르고 큰 절을 하고 많은 분들이 눈물을 흘렸다. 나는 눈물이 나오지 않고 마음이 착잡했다. 이렇게 이장된 사람들은 그나마 다행이지! 이름 없이 무너져 내린 수없는 필부필부들은 어쩌라고? 안중근 의사는 여전히 효창원에 빈 묘소로 남아 있지 않은가?

시간이 좀 지난 뒤에 알았지만 나처럼 아무생각 없이 따라온 사람들

서호

을 확인한 뒤로는 이심전심으로 반가웠다. 아는 것이 별로 없이 그저 여행 삼아 온 탓에 이런 비장한 분위기가 어색하였다. 적응하려고 노력할 뿐이었다. 그래도 전문가가 나서서 유적을 꼼꼼하게 설명해 줄 때는 잘 왔다는 생각이 불쑥 들기도 하였다.

하루는 모처럼 서호에서 유람선을 타게 되었다. 바로 이런 것이 여행의 진수였다. 일행들도 약간 마음이 풀어진 듯 유람선에서 노래도 하고 이야기꽃을 피웠다. 뱃전에서 일행들이 부르는 노랫소리가 마음에 와 닿았다. 감성이 풍부하고 순박한 노래 탓에 내 마음도 맑아지는 것 같았다.

난징학살기념관에 갔을 때는 충격 그 자체였다. 중국인 30만 명이 희생되었는데, 엄청난 기념관을 만들어 교훈으로 삼는 중국인들의 저력을 뼈저리게 느꼈다. 그 기념관에서 화평(和平)이라고 쓴 탑을 보았다. 우리는 '평화'라고 쓴다. 그런데 평화는 평정한 뒤에 오는 화목을 추구한다는 뜻이며, 일본식 한자어라는 것이다. 힘으로 화목을 추구한다니 씁쓸했다. 우리는 이래저래 일본에 길들여져 있다는 것을 다시 한 번 확인하였다. 중국과 일본을 제대로 보고 이해할 줄 아는 교육을 해야 하고 그러한 사회를 만들어야 하는 것이 아닌가 하는 생각이 들었다.

여행 중 밤기차를 탔던 적이 있었다. 조금 긴장하였다. 4인 1실의 침대 열차였다. 언젠가 러시아에 갔을 때 침대 열차에 비하면 긴장감이 덜 했다. 문을 잠가도 운이 나쁘면 물건을 잃을 수 있다고 러시아 여행 가이드가 얼마나 우리를 공포에 떨게 했던지……. 중국은 거기에 비하면 비교적 안정감이 있었다.

그래도 밀리는 인파와 누렇게 찌든 이불, 난방이 되지 않는 객실이 나를 심란하게 하였다. 하지만 1등석이 아닌, 피난 열차 같은 옆 칸 이야기를 들으며 "내가 참 호사에 겨웠구나."하는 생각이 들었다. 우리 애국지사들은 먹을 것도 탈 것도 제대로 없는 상황에서 나라 찾겠다고 이 긴 여정을 다니셨을 텐데 말이다.

여행 막바지로 접어들면서 살살 재미도 넘치고 낯설던 사람들과 정도 많이 들었다. 특히 이동하는 버스에서 다양한 게임도 즐기고 강의가 진행되어 여행을 신나게 하였다. 물론 집에 가고 싶기도 하였다. 편안하고 따뜻하게 다리 쭉 뻗고 눕고 싶었다.

여행이 끝나기 전 날, 치장에서 임시정부 청사 터와 요인과 대가족이 머문 상승가를 찾아 흔적이나마 찾아보려고 애썼지만 아주 어려웠다. 사진을 고증으로 단체 사진을 찍었다. 그 뒤 토교 마을에서도 흔적을 찾기가 쉽지 않았다. 이렇게 우리 애국지사들의 흔적은 사라지고 마는 것인가? 사진 속에서 나는 웃고 있었지만 가슴은 저미어 왔다.

특히 오후에 찾은 충칭(중경)에서 화평로 임시정부 청사 터는 우리들 가슴을 더욱 무너져 내리게 하였다. 2층 목조 건물은 다 낡아서 금방이라도 허물어질 듯한데, 찢어지게 가난한 중국 사람들이 아직 살고 있었다. 그 건물을 우리 정부가 구입해서 무언가 흔적을 남겨두어야 하는 것이 아닌지, 답답하고 속상한 마음을 어찌 다 표현할 수 있겠는가?

단체 사진을 찍었다. 한쪽에서 중국 사람들이 돼지고기를 갈아 순대처럼 만들어 훈제 식품을 만들고 있었다. 말은 통하지 않지만 그렇게 지저분하고 더러운 곳을 찾아 온 한국인에게 상당히 호의적인 태도를 보여주어 무척 고마웠다.

비행기를 타면 한국으로 돌아간다. 많은 아쉬움과 미련과 감사함을 지니고 간다. 이번 여행 중 버스에서 배운 도종환 시인의 '담쟁이' 한 구절이 새삼스럽게 다가왔다.

"저것은 절망의 벽이라고 말할 때
담쟁이는 서두르지 않고 앞으로 나아간다.
한 뼘이라도 꼭 여럿이 함께 손을 잡고 올라간다."

그래! 우리도 바로 그 담쟁이가 되는 거다. 아니, 백범(白凡)이 되어야 한다. 이번 답사에 참여한 청소년들. 예쁘고 성실한 어린 백범들에게서 나는 많은 희망을 보았다.

참, 이번 여행을 통해 내 이름처럼 나와 강한 연분을 지닌 우리 일행들에게 진심으로 감사드립니다. 오랜 여행을 끝내고 돌아오는 아내를 위해 딸기를 마련해 놓고 기다린 서방님도 진심으로 감사합니다. 그리고 누군가 나중에 만주에 갈 계획을 짠다고 들었는데 저도 데리고 가세요. 임시정부 사적지 답사반 여러분! 사랑합니다!

꼬리말

순례단 여러분, 따 쟈 하오?

이봉원
대한민국 임시정부 사적지와 27년 노정
답사단 단장.

이 순례를 끝내고 이렇게 또 여러분을 만나게 되니 참 반갑고 기쁩니다. 그간 잘들 지내고 계셨는지요? 우리나라 최초, 아니 세계 최초로 가장 내실 있는 '대한민국 임시정부 사적지와 27년 노정'을 여러분과 함께 하여, 그 감격과 행복에 아직까지도 취해 있는 답사단 이끔이 이봉원입니다.

우리는 지난 겨울(2011년 1월 6일부터 16일까지) 10박 11일 동안, 선열들의 행적을 따라서 중국 대륙 3만 리를 뒤쫓았습니다. 스물일곱 단원은, 위로는 올해 환갑을 맞는 분부터 맨 아래로 중학교 3학년이 되는 여학생에 이르기까지 연령 폭이 넓었고, 직업도 다양했습니다. 그 가운데는 부부가 두 쌍, 부녀가 한 쌍이며 그 밖에는 다들 외짝이었지요. 직업은 대체로 교직자가 많아 대학 교수와 전현직 중고 교사가 모두 통틀어 열한 분에, 언론인과 사회운동가, 전업주부와 학생들이었습니다. 학생은 남자 대학생 한 명에, 고등학생이 네 명, 막내 중학생, 이렇게 모두 여섯 명….

이러니 처음엔 이런 분들을 모시고 열하루나 중국 대륙을 헤집고 다녀야 하는 저로선 솔직히 걱정도 적잖이 컸습니다. 그런데 그런 단원들이 이제 이런 책까지 들고 나오시니, 저로서는 이분들을 만난 게 참으로 행운이고 또 이런 단원들이 자랑스럽기 짝이 없습니다.

중국 여행이 처음인 사람도 많았던 우리는 첫날부터 상하이(上海)에 있는 관련 사적지들을 누비며 바쁜 일정을 보냈고, 그래서 이 날은 피곤함 때문에 큰 감흥을 느낄 겨를이 없었지요.

문제는 둘째 날부터였습니다. 예전엔 만국공묘로 알려졌던 송경령 능원 외국인 묘역을 찾았을 때, 지금은 고국으로 모두 이장을 했지만, 한민족 독립운동계의 거물들이 누워 계셨던 흔적들 주위로 다들 지남철에 끌려가듯 다가섰지요.

그때 어느 한 분이 흙먼지로 더렵혀진 작은 표석을 휴지로 깨끗이 닦은 뒤에 술 한 잔 부어 놓고 절을 하자, 모두가 따라 큰절을 하면서 함께 눈물을 흘렸지요. 그래서 이때부터 생긴 말이 '울고불고 답사단'……, 이후 우리는 가는 곳마다 선열님들의 체취가 짙게 배어 있는 사적들 앞에선 또 눈물을 쏟았습니다.

그러나 늘 이렇게 숙연한 시간만 있었던 것은 아니었지요. 장거리를 이동할 때는 버스 안에서 지루한 시간을 이겨내기 위해, 저마다 가지고 있는 숨은 솜씨들을 마음껏 발휘해 주셨습니다. 중국 역사에 관한 해박한 지식을 들려주시는 분, 자신의 전공 과목이 아닌데도 명시들을 줄줄

이 암송해 주시는 분, 눈꺼풀이 차츰 무거워질 때면 발칙한 우스개를 풀어 눈을 번쩍 뜨게 해 주시는 분, 그러는 가운데 우리 전통 음악에 푹 빠져 있는 분한테서 판소리 단가를 듣고 따라 배울라치면, 어느새 마이크는 다시 자칭 오락부장 손으로 넘어갔습니다.

그래서 저는 사실 얼마나 편했는지요. 그러면서 단원들의 입심과 열정에 새삼 감탄하곤 했었지요. 특히 '소녀시대'라는 애칭으로 불렸던 다섯 명 여학생은 우리 답사에 청량제 구실을 톡톡히 했고, 우리 어른들은 이들 덕분에 한층 더 젊어질 수가 있었습니다.

중국 최남단 광저우(廣州)에서는 중국 공산당 혁명이 우리 나라 독립에 도움이 될까 하여 그 혁명에 참여했다가 목숨을 잃은 150명 조선 청년들을 기리는 기념비 앞에서, 단원 한 분이 연주하는 피리 소리에 맞춰 우리는 아리랑을 불렀지요. 그러면서 또 한 번 울었습니다. 이러니 우리가 '울고불고 답사단'이 아니라고 누가 말할 수 있을까요?

중국 역시 유례없는 한파가 닥쳐 남부 지방도 추웠지요. 난방시설이란 게 원래부터 없는 호텔 객실에서 머리카락 말리는 드라이어를 이불 속에 집어넣고 잠시 켜고 '맥가이버' 식의 난방을 시도했던 일, 어쩌다 한두 번 먹는 빈약하고 양이 적은 한식보다 차라리 푸짐한 중식을 계속 먹고 싶다고 말하는 단원들을 볼 때, 인솔자로서 미리 대비하지 못한 책임감도 느꼈습니다.

그러나 27년 노정 따라가기가 늘 순탄하기만 했던 것은 아니었지요.

구이양(貴陽)에서 쭌이(遵義)를 거쳐 우리가 그렇게 고대했던 72굽이산 길을 올랐을 때 창밖은 비안개로 잔뜩 흐렸는데, 하얀 눈이 깔린 내리막 산길은 얼었고, 게다가 180도 급커브로 이뤄진 비탈길이어서 참 난감했지요. 그래서 운전기사가 차를 세우자, 다들 말은 못 하고 잔뜩 겁에 질렸는데, 용감한 중국인 기사가 결단을 내려 천천히 앞으로 나아갔지요. 물론 차를 돌릴 데가 없었기 때문에 어쩔 수 없는 선택이긴 했지만요.

그 순간, 미끄럼 방지 설비를 전혀 갖추지 않은 이 중국 버스가 과연 무사히 그 길을 내려갈 수가 있을지…. 우리 모두 두려움에 떨었던 기억이 지금까지도 제 가슴을 두근거리게 합니다. 그때 어느 분이 '우리 여행자 보험 든 거 맞죠?' 하고 제 귀에 속삭이셨는데, 누구지요? 그러

중경(충칭) 임시정부 청사에서 여정을 끝내며.

나 이런 어려움은 일흔두 해 전 이 길을 똑같이 지나가셨을 선열님들과 그 가족들도 겪었을 거라 여겨, 우리 답사 길은 더욱 뜻있는 것이 되었다고 자부합니다.

이렇게 저 개인으로도 그토록 고대하고 바랐던, 첫 임시정부 사적지 답사단 행사가 마침내 충칭(重慶) 연화지 청사에서, 답사 중 버스에서 익힌 독립군가를 합창하는 것으로 끝맺음하였습니다. 그 동안 혼자서 외롭게 사적지를 찾아 헤매고 다녔던 저는, 이제 여러분이 제겐 가장 든든한 후원자요, 자랑스런 동지라고 선언했습니다. 그때 손수건을 제게 건네주신 분, 손수건은 저한테서 돌려 받으셨던가요? 그 날 그 자리에 계셨던 영원히 잊을 수 없는 동지들의 이름을 한 분씩 불러 보니, 그립고 또 그립습니다.

답사를 마치고 난 뒤 서울 효창원에 다시 모여 선열님들께 귀국 보고할 때 다짐했던 말을 되새겨 봅니다. "저희는 이번 답사를 계기로 선열님들께서 남겨 주신 '자존과 희생'의 정신을 더욱 가슴 깊이 새기며 살아가겠습니다. 나아가 선열님들의 거룩한 행적을 널리 알리는 데도 앞장을 서겠습니다." 그리고 우리가 불렀던 구호도 한 자락 넣어야겠지요. "임사연!" "좋아!" ‑ "지화자!" "좋다!"

김구연보

1876년(1세) **8월 29일(음 7월 11일)** 황해도 해주 백운방 텃골에서 아버지 김순영과 어머니 곽낙원의 외아들로 태어남. 아명은 창암(昌巖).

1892년(17세) 황해도 향시(鄕試)에 응시, 낙방. 매관매직의 타락상을 보고 서당공부 중단.

1893년(18세) 동학에 입도, 창수(昌洙)로 개명.

1894년(19세) **11월** 황해도 동학농민군 선봉장으로 해주성 공격.

1895년(20세) **2월** 신천군 청계동 안태훈에게 몸을 의탁. 유학자 고능선을 만나 유학을 배움. 11월 김이언 의병의 고산리 전투에 참가.

1896년(21세) **3월** 안악 치하포에서 일본인 밀정 스치다를 명성황후 시해에 대한 복수로 처단. 10월 사형 확정, 광무 황제의 특사(전화)로 형 집행정지. 일제의 방해로 계속 투옥.

1897년(22세) 감옥에서 서양 학문을 접함.

1898년(23세) **3월** 탈옥, 삼남 지방으로 도피. 늦가을 공주 마곡사에서 승려가 됨. 법명은 원종(圓宗).

1899년(24세) **5월** 대보산 영천암 주지. 가을 환속, 해주로 귀향.

1903년(28세) 2월 기독교에 입문. 장련읍 사직동에 장련학교 세움.

1904년(29세) 12월 최준례(崔遵禮)와 결혼.

1906년(31세) 장련에 광진학교 세움. 종산 서명의숙 교사.

1907년(32세) 신민회 가입, 황해도 총감.

1908년(33세) 가을 해서교육총회 조직, 학무총감. 황해도 각군 순회, 민족교육 운동 전개.

1909년(34세) 10월 안중근 의거에 연루, 체포됨.

1910년(35세) 11월 신민회 회의 참석, 도독부 설치, 만주 이민, 무관 학교 창설을 결의.

1911년(36세) 1월 안악 사건(안명근 사건)으로 체포, 서울로 압송, 혹독한 고문을 당함. 7월 징역 15년 선고받고 서대문 감옥에 수감.

1913년(38세) 이름을 구(九)로, 호를 백범(白凡)으로 고침.

1915년(40세) 8월 가출옥.

1917년(42세) 2월 동산평농장 농감, 학교 설립, 소작인 계몽.

1919년(44세) 3월 중국 상해로 망명. 9월 임시정부 경무국장.

1922년(47세) 9월 임시정부 내무총장. 10월 한국노병회 조직, 초대 이사장.

1923년(48세) 6월 내무총장 명의로 국민대표회의 해산령 내림.

1924년(49세) 1월 부인 최준례, 상해에서 별세.

1926년(51세) 12월 임시정부 국무령.

1928년(53세) 3월 《백범일지》 상권 집필 시작.

1930년(55세) 1월 이동녕, 안창호, 조완구, 조소앙, 이시영 등과 한국독립당 창당.

1931년(56세) 한인애국단 창단.

1932년(57세) **1월 8일** 이봉창, 일왕 히로히토를 폭탄으로 공격. 4월 29일 윤봉길, 상해 홍구공원에서 일왕 생일 경축식장에 폭탄을 던져 시라카와등을 처단. 5월 상해 탈출, 가흥, 해염으로 피신.

1933년(58세) **5월** 남경에서 장개석과 회담, 중국 군관학교에 한국독립군 훈련반 설치 합의.

1934년(59세) **2월** 중국 중앙육군군관학교 낙양분교에 한인특별반 설치. 12월 한국 특무대 독립군 조직.

1935년(60세) 11월 임시정부 옹호를 위해 이동녕·조완구·차리석 등과 한국국민당 조직.

1937년(62세) **8월** 한국광복운동단체연합회 결성.

1938년(63세) **5월** 장사에서 한국국민당·한국독립당·조선혁명당 합당 논의중 이운환의 저격으로 중상.

1939년(64세) **4월** 어머니 곽낙원 여사, 중경에서 작고. 5월 김원봉과 좌우합작에 합의. 〈동지동포에게 보내는 공개신〉 성명 발표.

1940년(65세) **5월** 민족진영 3당이 통합하여 한국독립당 결성. 중앙집행위원장에 피선. 9월 한국광복군 창설. 10월 헌법 개정. 주석에 피선.

1941년(66세) **10월** 《백범일지》 하권 집필. 12월 임시정부, 일본에 선전포고.

1942년(67세) **5월** 임시정부, 조선의용대를 광복군에 편입. 10월 좌파진영, 임시정부에 참여.

1943년(68세) **7월** 장개석과 회담. 카이로 회담에 한국 독립 지원 요청.

1944년(69세) 4월 임시정부 주석으로 재선, 부주석 김규식.

1945년(70세) 4월 광복군 OSS훈련 승인. 8월 서안에서 미군 도노반과 광복군, 국내진공작전 합의. 8월 10일 일본의 항복 소식 들음.

1945년(70세) 9월 3일「국내외 동포에게 고함」발표. 11월 23일 환국. 12월 임시정부 환국 환영대회. 서울운동장에서 귀국 연설. 신탁통치반대국민총동원위원회 조직, 국자 1,2호 발표.

1946년(71세) 1월 주한미군사령관 하지와 담판. 4월 한국독립당 중앙집행위원장. 6월 한국독립당, 남한 단독정부 수립 반대 담화 발표. 7월 이봉창·윤봉길·백정기 3의사 유해를 효창원에 안장.

1946년(71세) 10월 좌우합작 7원칙 지지 성명 발표.

1947년(72세) 1월 반탁독립투쟁위원회 조직, 2차 반탁운동 전개. 2월 비상국민회의 확대, 국민의회 조직. 3월 건국실천원양성소 개소. 12월《백범일지》간행.

1948년(73세) 2월 통일 정부 수립을 절규하는「3천만 동포에게 읍고함」발표. 김규식과 남북협상 제안 서신을 북한에 보냄. 4월 남북협상 참가, 공동성명서 발표. 7월 북한의 단정 수립에도 반대 표명

1949년(74세) 1월 백범학원 세움. 3월 창암학원 세움. 6월 26일 경교장에서 안두희 흉탄에 서거.

1949년 7월 5일 국민장으로 효창원에 안장.